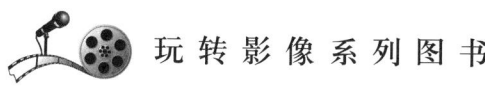

玩转影像系列图书

全媒体实训平台教程

Quanmeiti Shixun Pingtai Jiaocheng

胡兵 郑重 编著

华南理工大学出版社
·广州·

图书在版编目（CIP）数据

全媒体实训平台教程/胡兵，郑重编著. —广州：华南理工大学出版社，2016.12
（玩转影像系列图书）
ISBN 978－7－5623－5138－2

Ⅰ. ①全… Ⅱ. ①胡… ②郑… Ⅲ. ①网络传播－高等学校－教材 Ⅳ. ①G206.2

中国版本图书馆 CIP 数据核字（2016）第 290566 号

全媒体实训平台教程

胡 兵 郑 重 编著

出 版 人：卢家明
出版发行：华南理工大学出版社
（广州五山华南理工大学17号楼，邮编510640）
http：//www.scutpress.com.cn　　E-mail：scutc13@scut.edu.cn
营销部电话：020－87113487　87111048（传真）
策划编辑：毛润政
责任编辑：王　倩　毛润政
印 刷 者：广州市穗彩印务有限公司
开　　本：787mm×960mm　1/16　印张：7.75　字数：168千
版　　次：2016年12月第1版　2016年12月第1次印刷
定　　价：22.00元

版权所有　盗版必究　印装差错　负责调换

前　言

2014年6月，华南理工大学新闻与传播学院实验中心获批为广东省传媒类实验教学示范中心。作为实验教学示范中心的建设目标之一是出版一套自编的新闻传播类实验课程的教材以弥补之前实验中心软环境建设的不足。在新闻与传播学院副院长兼实验教学示范中心主任曹智频教授的积极推动下，在学校和华南理工大学出版社的大力支持下，此事很快付诸实施。编者根据学院实验中心近年来带本科生做的一些网络直播实践项目和学院建设的流媒体发布平台，并结合为网络传播学专业本科生开设的实验课程，设计并申报了此书的编著。

然而此书的编著工作却迟迟没有正式开始，与其说是太忙，不如说因为这是一本实践类的教材，没有引起自己的足够重视。2016年1月，编者又开始了在美国密苏里新闻学院的访学生活，心想这事可能又要一拖再拖。一到密苏里新闻学院，副院长Fritz Cropp就问我们为什么选择密苏里，有访学的老师回答，因为密苏里新闻学院是世界上第一所新闻学院，具有悠久的历史。Fritz博士说，除此之外密苏里新闻学院还是一个非常注重本科教学，特别是实践教学的学院，美国媒体的大部分编辑记者都毕业于此。随后几个月，深感密苏里新闻学院开设的课程之多，且绝大部分课程都有实验环节或实践环节，许多课程直接为当地电视台、广播电台和各类网站服务。由此，引发我对实验教学的重视，下决心一定要利用今年暑假时间把此书编著完成，且要借鉴密苏里新闻学院的一些实践教学经验，认真编写。

本书所界定的"全媒体"是指信息传播在具备文字、图像、动画、声音和视频等多种媒体（多媒体）表现手段基础之上，进行不同媒介形态如纸媒、电视媒体、广播媒体、网络媒体、移动终端媒体等之间的融合（业务融合），通过融合的广电网络、电信网络以及互联网络（三网融合）进行传播，最终实现用户以电视、电脑、手机、平板等多种终端均可完成信息的融合接收（多屏融合），实现任何人在任何时间、任何地点，以任何终端都能获得任何想要的信息。

本书所述的"全媒体实训平台"，既是提供教学服务的实训平台，也是可对校内外传播的媒体平台。全媒体实训平台融合了在线直播、点播、频道编排、社交互动等功能，可以快速搭建全媒体计算机端与移动端门户网站，支持电脑、手机、平板、电视等多种终端观看；学生可以通过这套系统，组织各种活动的直播，或者精心制作某个栏目，贯穿播音、编辑、制作、录音、广播电视工程、配音、编剧等各个细分流程，让学生在校内就可以熟悉并实现电视台的各个流程，这对他们以后走上工作岗位具有非常实际的意义。

全媒体实训平台重在实训，旨在让学生把在课堂上学习到的理论知识及时应用到媒体节目的实战当中，整体内容管理模式和运行模式也更加贴近一线电视台，从而高效高质量地发挥全媒体实训平台的教学功能。学生在任何时间、任何地点，只要连接上网络就可以登录至全媒体实训平台进行实际操作，改变了以往学生必须去实验室才能进行学习的教学模式，真正做到理论与实践结合，随时随地教学。

本书共分为七章：第一章全媒体与流媒体技术认知和第二章全媒体实训平台为理论教学部分。第三章至第七章为实践和实验教学部分。其中，第三章视频导播和第四章视频编码首先让学生进行网络直播实践。第五章到第七章分别让学生在全媒体平台中练习直播系统、点播系统和内容管理系统（CMS）的操作。本书尽可能考虑到数字媒体技术与应用的发展和特点，以及所涉及的基本知识的系统性。

全媒体实训平台可作为一门32个学时的实验课程，建议各部分的课时安排如下：第一章2学时，第二章2学时，第三章10学时，第四章2学时，第五章5学时，第六章3学时，第七章8学时，各实验的时间安排书中有详细说明。全媒体实训课程建议作为本科高年级或研究生的实验课程，学生在学习了摄影、摄像、网页设计等基础实验技能课程后选修。

借此书出版之际，首先要感谢华南理工大学新闻与传播学院实验中心的郑重老师，他不仅带学生进行了许多全媒体平台的实训操作，为本书的编著提供了许多实操经验，并且在百忙之中完成了本书第三章的编撰工作。还要感谢深圳市矽伟智科技有限公司为华南理工大学新闻与传播学院提供了全媒体实训平台并带来许多先进的实验教学理念，以及广州市广凌计算机科技股份有限公司为全媒体实训平台提供的细致服务。

本书的出版还得到了华南理工大学出版社大学城分社毛润政社长及编辑们的大力支持。在此对提供支持的所有人表示深深的感谢！

鉴于数字媒体技术发展迅猛，涉及范围广泛，且对全媒体的认识与界定也是仁者见仁、智者见智，加上编者水平有限，书中的不足之处恳请广大读者和同行指正。

胡兵

2016年8月

于美国密苏里州哥伦比亚

目 录

第一章 全媒体与流媒体技术认知 ... 1
第一节 全媒体概述 ... 1
　　一、全媒体概念 ... 1
　　二、全媒体的特点 ... 3
　　三、全媒体的业务流程 ... 3
　　四、全媒体的应用模式 ... 4
　　五、未来发展趋势 ... 5
第二节 流媒体技术概述 ... 6
　　一、流媒体技术的概念 ... 6
　　二、流媒体技术的起源 ... 6
　　三、流媒体技术的原理 ... 7
　　四、流媒体播放方式 ... 10
　　五、流媒体技术的应用 ... 11
第三节 教学与要求 ... 11
　　思考题 ... 12

第二章 全媒体实训平台 ... 13
第一节 全媒体实训平台的概念 ... 13
第二节 全媒体实训平台的架构与功能 ... 14
第三节 全媒体实训平台的使用流程 ... 16
　　一、直播使用流程概述 ... 16
　　二、点播使用流程概述 ... 17
　　三、CMS 使用流程概述 ... 17
第四节 教学案例分析 ... 18
　　一、密苏里新闻学院未来实验室 ... 18
　　二、华南理工大学全媒体实训平台 ... 19
第五节 教学与要求 ... 20
　　思考题 ... 21

第三章 视频导播 ... 22
第一节 视频导播的基本知识 ... 22

一、视频导播的概念 ………………………………………………… 22
　　二、视频导播所需器材 ……………………………………………… 22
　　三、网络直播的工作流程 …………………………………………… 24
　第二节　校园应用场景 ………………………………………………… 26
　第三节　教学设备条件 ………………………………………………… 27
　第四节　教学与要求 …………………………………………………… 27
　思考题 …………………………………………………………………… 34

第四章　视频编码 ……………………………………………………… 35
　第一节　视频编码的基本知识 ………………………………………… 35
　第二节　编码器概述及应用范围 ……………………………………… 35
　第三节　教学设备条件 ………………………………………………… 36
　第四节　教学与要求 …………………………………………………… 36
　思考题 …………………………………………………………………… 42

第五章　流媒体直播系统实训 ………………………………………… 43
　第一节　流媒体直播的基本知识 ……………………………………… 43
　　一、直播的概念与架构 ……………………………………………… 43
　　二、相关技术简述 …………………………………………………… 44
　　三、直播软件介绍 …………………………………………………… 48
　第二节　应用场景 ……………………………………………………… 50
　第三节　教学设备条件 ………………………………………………… 52
　第四节　教学与要求 …………………………………………………… 53
　思考题 …………………………………………………………………… 71

第六章　流媒体点播系统实训 ………………………………………… 72
　第一节　流媒体点播的基本知识 ……………………………………… 72
　　一、点播的概念 ……………………………………………………… 72
　　二、相关概念 ………………………………………………………… 72
　　三、全媒体实训平台点播软件功能结构 …………………………… 73
　　四、实现流程 ………………………………………………………… 73
　第二节　应用场景 ……………………………………………………… 75
　第三节　教学设备条件 ………………………………………………… 75
　第四节　教学与要求 …………………………………………………… 75
　思考题 …………………………………………………………………… 85

第七章　全媒体内容管理系统（CMS） 86
第一节　内容管理系统（CMS）的基本知识 86
一、CMS 的概念 86
二、CMS 功能介绍 86
三、CMS 实现流程 88
第二节　应用场景 88
第三节　教学设备条件 89
第四节　教学与要求 89
思考题 113

参考文献 114

第一章　全媒体与流媒体技术认知

【核心提示】
1. 了解全媒体的概念、特点和业务流程。
2. 掌握流媒体技术的基本原理。

第一节　全媒体概述

一、全媒体概念

"全媒体"英文表述为"omnimedia",这个词是在"media(媒体)"前加前缀"omni(总、全)"而成。全媒体的概念如今在应用和学术界并没有统一的说法,现有全媒体概念被归纳为媒介运营说、媒介形态说、媒介整合说和媒介营销说,随着全媒体实践和研究的不断发展还会出现更多的界定。

1999年至2007年间,各行各业对于"全媒体"的提及都是在文章中点到为止,可见这个时期人们对全媒体的认识是直观而片面的。至2007年11月12日,《投资中国项目精选》上的一篇《Xtel统一通信平台项目招商》对"全媒体"的认识有所突破:"Xtel统一通信平台具有以下功能:全媒体通信,支持音频、视频、即时消息、手机短信、应用共享等各种媒体形式。"文中的"全媒体通信",包括了当今各种媒介形态。这种对"全媒体"认识上的进步与信息技术和通信技术的发展是分不开的。

2008年以后,国内各类报纸、期刊、广播、电视中频频出现一个名为"全媒体"的关键词,其中包括"全媒体时代""全媒体战略""全媒体报道""全媒体记者""全媒体出版"和"全媒体广告"等。然而,何谓"全媒体",学界此时还没有人下一个准确的定义。当时中国新闻传播学者对全媒体的定义分为两类,一类是"营运理念(模式)说",另一类是"传播形态说"。2009年2月,中国人民大学新闻学院教授彭兰的《媒介融合方向下的四个关键变革》中提出了"全媒体"的概念,定义全媒体是指一种业务运作的整体模式与策略,即运用所有媒体手段和平台来构建大的报道体系。强调从总体上看,全媒体不再是单落点、单形态、单平台的,而是在多平台上进行多落点、多形态的传播。报纸、广播、电视与网络是这个报道体系的共同组成部分。2009年11月,南京政治学院军事新闻传播系的周洋则认为"全媒体"的概念来自传媒界的应用层面,是媒体走向融合后"跨媒介"的产物。具体来说,是指综合运用各种表现形式,如文、图、声、光、电来全方位、立体地展示传播内容,同时通过文字、声像、网络、通信等传播手段来传输的一种新的传播形态。现代全媒体正在走向"营运理念(模式)说"与"传播形态说"的融合发展。

这里,本书界定"全媒体"是指信息传播在具备文字、图像、动画、声音和视频等多种媒体表现手段基础之上(多媒体),进行不同媒介形态如纸媒、电视媒体、广播媒体、网络媒体、移动终端媒体等之间的融合(业务融合),通过融合的广电网络、电信网络以及互联网络进行传播(三网融合),最终实现用户以电视、电脑、手机、平板等多种终端均可完成信息的融合接收(多屏融合),实现任何人在任何时间、任何地点,以任何终端都能获得任何想要的信息。

狭义上,全媒体是所有媒体表现形式、媒介载体形式的总和;广义上,全媒体还需涵盖传输网络的全覆盖和受众接收的便利性和及时性。全媒体内容的外延如图1-1所示。

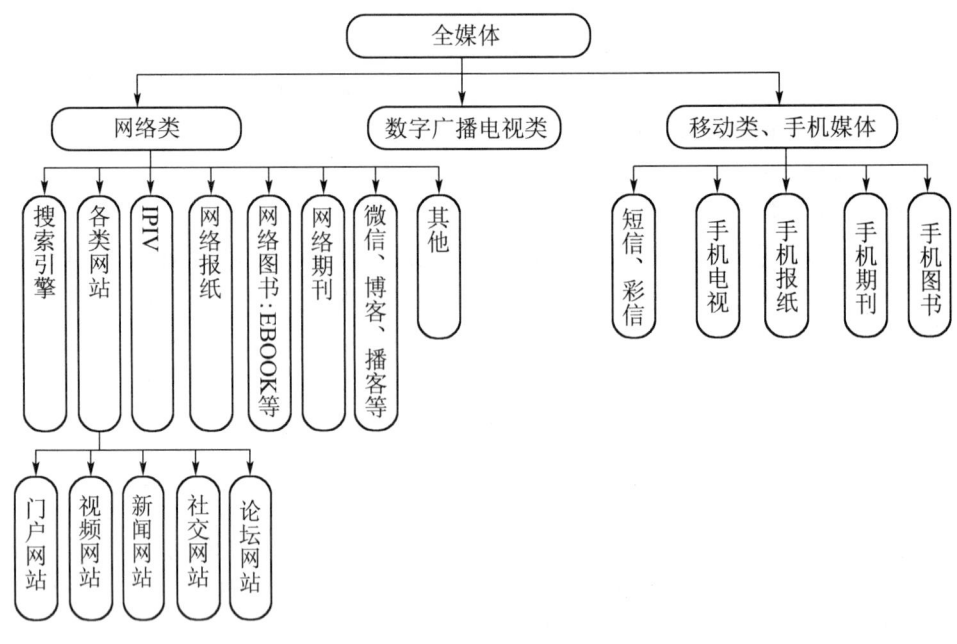

图1-1 全媒体内容的外延

当今的媒介形态之间的界限越来越不明显,纸媒、广播、电视等传统媒体实现数字化,一步步融合进了网络媒体;移动端和电脑端的视听体验界限也逐渐趋于一致。全媒体是信息、通信及网络技术条件下各种媒介实现深度融合的结果,是媒介形态大变革中最为崭新的传播形态。全媒体的流程再造正是基于媒体工作者对传统媒介形式没落的主动应对，实现在全媒体的环境下，开展不同媒介间的交融。媒体发布通道的多样性，使得受众获得更及时的信息，更多角度、更多视听满足的体验。

二、全媒体的特点

由于现代信息技术的发展，传媒业市场逐步从传统的报刊、广电、户外"三分天下"的传媒业发展格局转变为报刊、广电、户外和渠道、网络媒体以及移动互联网"五强竞争"的新格局。在这种新的媒介格局中，全媒体在传播功能、制播模式、产业发展战略等方面呈现出新的转型特点，在信息生产和产业模式上产生聚变和集群的效应。传统媒介在应对全媒体的趋势中，通过打造全媒体业务，构建适应信息聚变和融合的传媒模式。

（1）"全媒体"是人类现在掌握的信息流手段的最大化的集成者。从传播载体工具来看，可分为：报纸、杂志、广播、电视、音像、电影、出版、网络、电信、卫星通信等等；从传播内容所倚重的各类技术支持平台来看，除了传统的纸质、声像外，还有基于互联网络和电信的 WAP、GSM、CDMA、GPRS、3G、4G 及流媒体技术等。

（2）"全媒体"并不排斥传统媒体的单一表现形式，而且在整合运用各媒体表现形式的同时仍然很看重传统媒体的单一表现形式，并视单一形式为"全媒体"中"全"的重要组成。

（3）"全媒体"体现的不是"跨媒体"时代的媒体间的简单连接，而是全方位融合——网络媒体与传统媒体乃至通信的全面互动、网络媒体之间的全面互补、网络媒体自身的全面互融。总之，"全媒体"的媒体表现手段最全、媒介载体最全、技术手段最全、受众传播面最广。

（4）"全媒体"在传媒市场领域里的整体表现为大而全，而针对受众个体则表现为超细分服务。对同一条信息，通过"全媒体"平台可以有各种纷繁的表现形式，但同时也根据不同个体受众的个性化需求以及信息表现的侧重点来对采用的媒体形式进行取舍和调整。如在展示某一楼盘信息时，用图文来展示户型图和楼书中描述性的客观信息；利用音频和视频来展示更为直观的动态信息；对于使用宽带网络或 3G 手机的受众则可用在线观看样板间的三维展示及参与互动性的在线虚拟装修小游戏；等等。"全媒体"不是大而全，而应根据需求和其经济性来结合运用各种表现形式和传播渠道。"全媒体"超越"跨媒体"也就是在于其用更经济的眼光来看待媒体间的综合运用，以求投入最小、传播最优、效果最好。

三、全媒体的业务流程

三网融合进程的不断加快和全媒体建设的逐渐成熟，各媒介业务存在互相交叉、融合的趋势。其业务流程可划分为：

(1) 全媒体采编：针对不同的媒体渠道特征，进行媒体采编流程的重构，并使信息形式和结构发生本质的变化，使不同的阅读或收视习惯的受众都得以满足。

(2) 全媒体传播：以全媒体渠道，进行内容的多渠道、多媒体、多平台发布，实际上是对传媒形式的重新架构，并以此进行跨界人群的更广泛覆盖。

(3) 全媒体运营：在完成媒体架构和用户积累后，运营将是全媒体产品的终极目标，而随着媒体形式的多样化，新的商业机会将会出现，广告运营的绩效会得到大幅提升，如淘宝类的在线交易、携程类的中介服务、搜房类的专业渠道，都将得以应用。媒体的平台将向应用型转移，资讯内容将整合成商业元素，产生收益。

四、全媒体的应用模式

全媒体通过提供多种方式和多种层次的各种传播形态来满足受众的细分需求，使得受众获得更及时、更多角度、更多听觉和视觉满足的媒体体验。在媒体形态上向新型舆论引导转型。

随着时间的推移，现阶段的全媒体的应用模式大致可分为如下几种：

(1) 全媒体新闻中心模式。《烟台日报》传媒集团 2008 年 3 月在全国首开先河，将旗下三种主要报纸的采访部门合并在一起，组建了"全媒体新闻中心"，相当于集团内部的"通讯社"，开始了从传统报业到"全媒体"的运作方式、生产流程以及各种运营平台的探索。一方面单一的印刷报纸分化成多种产品形态，如手机报纸、数字报纸等；另一方面媒介生产流程进一步细分、专业化。

(2) "台网互动"模式。2008 年北京奥运会期间，中国广播网实现了中央电台所有奥运报道广播信号同步网上直播，创新了图文并茂、音/视频同步多点互动直播报道新模式，尝试广播频率、门户网站、有线数字、广播电视、手机广播电视、平面媒体六大终端的融合。以央视网为例，经过 10 年的运营完成了从"中央电视台的网络版"向"国内主流视频新闻网站"的转型。

(3) "报网合一"模式。《杭州日报》与杭州日报网共用同一个编辑部，同一批采编人员，同时运行两种媒体形态，创造了"报即是网、网即是报"模式。编辑部增加了网络采编流程，报纸、网络两套流程并行，每个选题的策划都同时考虑网络、报纸分别如何报道。

(4) 全媒体出版模式。2008 年年底，贺岁电影《非诚勿扰》的同名长篇小说《非诚勿扰》在北京以"全媒体出版"方式首发。国内自此掀起了一股"全媒体"出版热潮，《贫民窟的百万富翁》《我的兄弟叫顺溜》等图书宣布采用全媒体方式出版。2009 年在济南举行的"全媒体出版整合营销沙龙"上，中文在线总裁童之磊这样介绍全媒体出版的含义，"全媒体出版就是同一个内容同时发布在纸质媒体、互联网、手机和手持阅读器等媒体上。全媒体出版整合营销，即是利用各种媒体和各种渠道发行阅读产品，同时尽可能覆盖所有读者"。

在"全媒体"环境下，多种媒体形式要打破传统的单一模式，提供不同的表达方式。如果各种手段只是同一角度的重复或者只是不同媒体的简单堆积，那么，就很难产生增值的效果。只有"融合式"全媒体发展才能真正发掘出"全媒体"的价值，更符合"全媒体"的内涵。

媒介融合的发展趋势和业态环境，迫使传统媒体必须变革运营模式，再造管理流程，打造全新的产业链条。全媒体的目的就是寻求如何以有效的途径对媒介的传播进行最佳的资源配置。在传播流程上：由大众传媒发出的信息，经过各种中间环节，"流"向传播对象的社会过程。在内容聚合阶段：一个事件的发生，会引发全媒体生产流程——媒体工作者对该事件进行分析研究并确认事件选题；接着进行分配任务、筛选内容、记者采编等工作。在业务协作阶段：经过内容聚合阶段完成任务后，需要全媒体业务生产团队共同完成粗加工。在后续服务阶段：为消费者提供信息后续服务。

美国《纽约时报》的运营方式给了全媒体运营很好的启示。《纽约时报》网站的任何一条新闻，都会在文章周边的显著位置，链接有多个与网民互动的工具按钮，包括推荐、评论、电邮、发送到手机和分享，分享的网站包括社交网站Myspace、Linkedin、Yahoo buzz，微博网站Twitter，掘客网站Digg，还可以复制网站提供的文章相关代码直接粘贴到个人博客上。

五、未来发展趋势

随着网络和数字技术的迅猛发展，媒体的格局也发生了深刻变革。过去是稀缺的信息面对无数的公众，现在则是公众要面对海量的信息资源。媒体与公众的关系变化，让传统媒体正经历着一场生死考验。一些传统媒体不仅广告收入萎缩，随着公众信息获取方式的转移，其舆论主导地位也在逐渐丧失。传统媒体的发展已经到了一个至关重要的关口，媒体融合发展是未来的趋势，传统媒体只有顺应时代发展，运用新技术，创新媒体传播方式，不断推进媒体融合，构建起现代传播体系，才能占领信息传播的制高点，掌握网络空间的话语权，进一步提高传播力和影响力，媒体融合发展道路势在必行。

数字视频拥有广阔发展前景和空间。传统媒体走向全媒体融合的一个重要方向就是包括网络音/视频、数字电视、移动端电视、户外显示屏在内的各种视频媒体。未来，音/视频媒体的发展将催生更多的内容提供方式和信息服务形式变革，带动整个传媒业的全媒体发展进程。

媒介融合由浅入深，从"物理变化"趋向"化学变化"。注重多种传播手段并用全媒体新闻将发展为多种媒体有机结合的融合新闻；各种媒体机构的简单叠加、组合将发展为真正的有利于融合媒介运作的新型机构组织；全媒体记者将与细分专业记者分工合作；媒介机构也将在新的市场格局中寻找自身新的定位和业务模式，构建适应全媒体需要的产品体系和传播平台。

随着全媒体进程的不断发展，在融合的同时，各种媒介形态、终端及其生产也更加专业、细化。一方面表现在媒介形态的分化。单一的印刷报纸已经分化成了印刷报纸、移动端报纸、数字报纸等多种产品形态，广播电视分化成网络电视、移动端电视等更丰富的产品形态。此外，媒体终端的多样化也带来了传播网络的分化，如移动终端媒体、网络电视、数字电视等分别依赖不同的传输网络。另一方面是媒介生产流程的专业化细分。在媒介融合时代，由于生产复杂度的提高，更有可能导致产业流程的专业分工和再造，出现信息的包装及平台提供者走向专业化的趋向。现在，在数字报纸、电子杂志、手机媒体领域，专业化的趋向已经显现。

第二节 流媒体技术概述

伴随着网络的快速发展，全媒体时代的到来，带来了传统媒体与新兴媒体全方位、立体化的融合。从传播内容特别是音/视频内容所倚重的各类技术支持平台来看，流媒体技术应用是构建全媒体平台的重要技术支撑。本教程基于流媒体技术，融合全媒体理念，对媒体资源进行整合，利用互联网，尤其是移动互联网这个开放的平台，构建一个集文、图、视、听于一体的全媒体实训平台供传播专业的师生实践、摸索，顺应全媒体时代下传播学的新趋势。本教程的展开将围绕着"全媒体实训平台"，其基础技术实现就是依托于流媒体技术的应用。

一、流媒体技术的概念

流媒体（streaming media）是指将一连串的媒体数据压缩后，经过网络分段发送数据，在网络上实时传输影音以供观赏的一种技术与过程，此技术使得音/视频图像和文字数据包得以像流水一样发送，如果不使用此技术，就必须在使用前下载整个媒体文件。流传输可发送现场或预存于服务器上的音/视频片段，当观看者在收看这些音/视频片段时，音/视频片段数据在送达观赏者的移动设备、计算机及机顶盒后立即由特定播放软件（如各种音/视频播放应用 App）播放，或者是基于 HTML5 的播放框架（如 HTML5 播放器等）播出。

二、流媒体技术的起源

流媒体技术起源于窄带互联网时期。由于经济发展的需要，人们迫切渴求一种网络技术，以便进行远程信息沟通。从 1994 年一家叫做 Progressive Net Works 的美国公司成立之初，流媒体开始正式在互联网上登场亮相。1995 年，他们推出了 C/S 架构的音频接收系统 Real Audio，并在随后的几年内引领了网络流式技术的汹涌潮流。1997 年 9 月，该公司更名为 Realnetworks，相继发布了多款应用非常广泛的流媒体播放器 realplayer 系列，在其鼎盛时期，曾一度占据该领域超过 85% 的市场份额。Realnetworks 公司可以称得上是流媒体真正意义上的始祖。

随后，微软和苹果等都看到了流媒体的大好前景，其强大竞争攻势一方面令 Realneworks 感到危机的存在，另一方面也无形中促进了流媒体的迅速发展，使得流媒体以惊人的发展速度得到推广应用。

早期的流媒体主要是在窄带互联网上应用，受带宽条件的制约，到 1999 年，人们在网上也才仅仅可以看到一个很小的视频播放窗口。2000 年下半年，随着全球范围内的互联网升温，宽带 IP 网不再是梦想，作为流媒体技术倡导者和发起者的美国 RealNetworks、Microsoft、Apple 等公司几乎同时向世界宣布了他们最新的流媒体技术的宽带解决方案。现如今我们完全可以在网络上进行全方位的视听接触，实现独坐一室如走遍天下。

随着信息社会的快速发展，流媒体技术在互联网媒体传播方面起到了主导的作用。其中视频点播、远程教育、视频会议、Internet 直播、网上新闻发布、网络广告等方面的应用空前广泛，方便了人们全球范围内的信息、情感交流。

三、流媒体技术的原理

1. 流式传输的基础

在网络上传输音/视频多媒体信息，目前主要有下载和流式传输两种方案。A/V 文件一般都较大，接收端设备需要的存储容量也较大；同时由于网络带宽的限制，下载常常要花数分钟甚至数小时，所以这种处理方法时延也很大。流式传输时，声音、影像或动画等时基媒体由音/视频服务器向用户计算机连续、实时传送，用户不必等到整个文件全部下载完毕，而只需经过几秒或数十秒的启动延时即可进行观看。当声音等时基媒体在客户机上播放时，文件的剩余部分将在后台从服务器内继续下载。流式传输不仅使播出视频时启动延时成十倍、百倍地缩短，而且接收设备不需要太大的缓存容量。流式传输避免了用户必须等待整个文件全部从 Internet 上下载完才能观看的缺点。

流媒体指在网络（Internet/Intranet）上使用流式传输技术的连续时基媒体。如：音频、视频或多媒体文件。流媒体在播放前并不下载整个文件，只将内容开始部分存入内存，流媒体的数据流随时传送随时播放，只是在开始时有一些时延。

流媒体实现的关键技术就是流式传输。流式传输定义很广泛，现在主要指通过网络传送媒体（如视频、音频）的技术总称。其特定含义为通过 Internet 将影视节目传送到计算机机。实现流式传输有两种方法：实时流式传输 RTSP（Real Time Streaming Protocol）和顺序流式传输（Progressive Streaming）。一般说来，如视频为实时广播，或使用流式传输媒体服务器，或应用如 RTSP 的实时协议，即为实时流式传输。如使用 HTTP 服务器，文件即通过顺序流发送。采用哪种传输方法依赖用户的需求。当然，流式文件也支持在播放前完全下载到缓存或存储设备。

2. 实时流式传输

实时流式传输指保证媒体信号带宽与网络连接匹配，使媒体可被实时观看到。

实时流式传输与 HTTP 流式传输不同,其需要专用的流媒体服务器与传输协议。实时流式传输总是实时传送,特别适合现场事件,也支持随机访问,用户可快进或后退以观看前面或后面的内容。理论上,实时流一经播放就不可停止,但实际上,其也可能发生周期暂停。实时流式传输必须匹配连接带宽,这意味着在以调制解调器速度连接时图像质量较差。而且,由于出错丢失的信息被忽略掉,网络拥挤或出现问题时,视频质量很差。如欲保证视频质量,顺序流式传输也许更好。实时流式传输需要特定服务器,如:直播服务器软件和云服务、虚拟直播服务器软件和云服务、QuickTime Streaming Server、RealServer 与 Windows Media Server。这些服务器允许用户对媒体发送进行更多级别的控制,因而系统设置、管理比标准 HTTP 服务器更复杂。实时流式传输还需要特殊网络协议,如:HLS(HTTP Live Streaming)、HTTP-TS、HTTP-FLV、RTMP(Real Time Messaging Protocal)、RTSP 或 MMS(Microsoft Media Server)。这些协议在有防火墙时有时会出现问题,导致用户不能看到一些地点的实时内容。

3. 顺序流式传输

顺序流式传输是顺序下载,在下载文件的同时用户可观看在线媒体,在给定时刻,用户只能观看已下载的那部分,而不能跳到还未下载的前头部分,顺序流式传输不像实时流式传输在传输期间可根据用户连接的速度做调整。由于标准的 HTTP 服务器可发送这种形式的文件,也不需要其他特殊协议,它经常被称作 HTTP 流式传输。顺序流式传输比较适合高质量的短片段,如片头、片尾和广告,由于该文件在播放前观看的部分是无损下载的,这种方法保证电影播放的最终质量。这意味着用户在观看前,必须经历延迟,对较慢的连接尤其如此。对通过调制解调器发布的短片段,顺序流式传输显得很实用,它允许用比调制解调器更高的数据速率创建视频片段。尽管有延迟,但可让用户发布较高质量的视频片段。顺序流式文件是放在标准 HTTP 或 FTP 服务器上的,易于管理,基本上与防火墙无关。顺序流式传输不适合长片段和有随机访问要求的视频(如:讲座、演说与演示),也不支持现场广播,严格说来,它是一种点播技术。

4. 相关软硬件产品

(1)视频编码器:编码器(Encoder)是将信号(如比特流)或数据进行编制、转换为可用以通信、传输和存储的信号形式的设备。视频编码器是由专用音/视频压缩编解码器芯片、数据和报警输入输出通道、网络接口、音/视频接口(HDMI,VGA,HD-SDI)、RS232 串行接口控制、协议接口控制、嵌入软件等构成。视频编码器在流媒体传输系统中负责将传送过来的数字音/视频信号压缩成流媒体格式。

(2)流媒体服务器:由流媒体软件系统的服务器部分和一台硬件服务器组成。这部分负责管理、存储、分发编码器传上来的流媒体节目。

(3)播放器:这部分由流媒体系统的播放软件和其载体(智能终端)组成,

用它来播放用户想要收看的流媒体服务器上的视频节目。

5. 常用的流媒体格式

目前最主流的流媒体格式为 HLS 的 MPEG2 – TS 和 RTMP 的 FLV，过去用得比较多的主要有 RealNetworks 公司的 RealMedia，Microsoft 公司的 ASF（Advanced Streaming Format）和 Apple 公司的 Quicktime。

（1）MPEG2 – TS 是高清视频的封装格式，TS 即 "Transport Stream" 的缩写。它是分包发送的，每一个包长为 188 字节。包的结构为，包头为 4 个字节，负载为 184 个字节。在 TS 流里可以填入很多类型的数据，如视频、音频、自定义信息等。MPEG2 – TS 主要应用于实时传送的节目，比如实时广播的电视节目。MPEG2 – TS 格式的特点就是要求从视频流的任一片段开始都是可以独立解码的。

（2）FLV 流媒体格式是一种新的视频格式，全称为 Flash Video，是在 sorenson 公司的压缩算法的基础上开发出来的。由于它形成的文件极小、加载速度极快，并且可以不通过本地的微软或者 Real 播放器播放视频，使得网络观看视频文件成为可能。它的出现有效地解决了视频文件导入 Flash 后，使导出的 SWF 文件体积庞大，不能在网络上很好地使用等缺点。Flash MX 以前，Flash 中的视频文件的导入是一帧一帧变成位图，结果导致文件巨大，限制了它的应用范围。随着 Flash MX 的推出，Macromedia 公司开发了属于自己的流式视频格式——FLV。这种格式是在 Sorenson 公司的压缩算法的基础上开发出来的。Sorenson 公司也为 MOV 格式提供算法。FLV 格式不仅可以轻松地导入 Flash 中，几百帧的影片只需两秒钟；同时也可以通过 RTMP 协议从直播服务器或 FMS 上流式播出。

（3）RealMedia 其流媒体文件包含 RealAudio，RealAudeo，RealPresentation 和 RealFlash 四类文件，分别用于传送不同的文件。RealMedia 采用 SureStream（自适应流）技术，自动并持续地调整数据流的流量以适应实际应用中的各种不同网络带宽需求，轻松地在网上实现音/视频和三维动画的回放。它在 Internet 上全带宽地提供最优质的多媒体信息，同时也能够在 internet 上以 28.skb/s 的传输速率提供立体声和连续视频。

（4）ASF 是一种包含音频、视频、图像以及控制命令、脚本等多媒体信息在内的数据格式，通过将多媒体信息分成一个个的网络数据包在 Internet 上传输，实现流式多媒体内容发布。其中，在网络上传输的内容就称为 ASF 流。ASF 支持任意的压缩解压缩编码方式，并可使用任何一种底层网络传输协议、可伸缩的媒体类型、流的优先级化、多语言支持、环境独立性、丰富的流间关系以及扩展性等。

（5）QuickTime。QuickTime 是 Apple 公司面向专业视频编辑、Web 网站创建和 CD – ROM 内容制作领域开发的多媒体技术平台，它支持几乎所有主流的个人计算平台和各种格式的静态图像文件、视频和动画格式，具有内置浏览器插件（Plug – in）技术，支持 IETF 流标准以及 SDP、FTP 和 HTTP 等网络协议，是数字媒体领域事实上的工业标准，是创建 3D 动画、实时效果、虚拟现实、A/V 和其他数字流媒

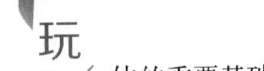

体的重要基础。

6. 流媒体传输协议

（1）HLS：切片数据实时流传输协议。

（2）RTMP：实时消息传送协议。

（3）RSVP：资源预留协议。

（4）RTP：实时传输协议。

（5）RTCP：实时传输控制协议。

（6）MMS：微软流媒体服务协议。

（7）RTSP：实时流传输协议。

（8）MIME：多用途因特网电子邮件扩展协议。

（9）RTMP（RTMPE/RTMPS/RTMPT）：Adobe 实时消息协议簇。

（10）RTMFP：Adobe 实时消息流协议（P2P 协议）。

四、流媒体播放方式

1. 单播

在客户端与媒体服务器之间需要建立一个单独的数据通道，从一台服务器送出的每个数据包只能传送给一个客户机，这种传送方式称为单播。指网络中从源向目的地转发单播流量的过程。单播流量地址唯一，每个用户必须分别对媒体服务器发送单独的查询，而媒体服务器必须向每个用户发送所申请的数据包拷贝。这种巨大冗余的工作首先会造成服务器沉重的负担，响应需要很长时间，甚至停止播放，管理人员也被迫购买硬件和带宽来保证一定的服务质量。

2. 组播

IP 组播技术构建一种具有组播能力的网络，允许路由器一次将数据包复制到多个通道上。采用组播方式，单台服务器能够对几十万台客户机同时发送连续数据流而无延时。媒体服务器只需要发送一个信息包，而不是多个，所有发出请求的客户端共享同一信息包。信息可以发送到任意地址的客户机，减少网络上传输的信息包的总量。网络利用效率大大提高，成本大为下降。

3. 点播与广播

点播连接是客户端与服务器之间的主动的连接。在点播连接中，用户通过选择内容项目来初始化客户端连接。用户可以开始、停止、后退、快进或暂停流。点播连接提供了对流的最大控制，但这种方式由于每个客户端各自连接服务器，却会迅速用完网络带宽。

广播指的是用户被动接收流。在广播过程中，客户端接收流，但不能控制流。例如，用户不能暂停、快进或后退该流。广播方式中数据包的单独一个拷贝将发送给网络上的所有用户。使用单播发送时，需要将数据包复制多个拷贝，以多个点对点的方式分别发送到需要它的那些用户，而使用广播方式发送，数据包的单独一个拷贝将发送给网络上的所有用户，而不管用户是否需要，上述两种传输方式会非常浪费网络带宽。组播吸收了上述两种发送方式的长处，克服了上述两种发送方式的弱点，将数据包的单独一个拷贝发送给有需要的那些客户。组播不会复制数据包的多个拷贝传输到网络上，也不会将数据包发送给不需要它的那些客户，保证了网络上多媒体应用占用网络的最小带宽。

五、流媒体技术的应用

流媒体技术将过去传统媒体的"推"式传播，变为受众的"拉"式传播，受众不再是被动地接受来自广播电视的节目，而是在自己方便的时间来接收自己需要的信息。这将在一定程度上提高受众的地位，使他们在新闻传播中占有主动权，也使他们的需求对新闻媒体的活动产生更为直接的影响。

由于流媒体技术已经在一定程度上突破了网络带宽对多媒体信息传输的限制，因此被广泛运用于网上直播、网络广告、视频点播、远程教育、远程医疗、视频会议、企业培训、电子商务等多个领域。流媒体带来了机遇，也带来了挑战。流媒体技术为传统媒体在互联网上开辟更广阔的空间提供了可能。广播电视媒体节目的上网更为方便，听众、观众在网上点播节目更为简单，网上音/视频直播也将得到广泛运用。

流媒体技术的广泛运用也将模糊广播、电视与网络之间的界限，网络既是广播电视的辅助者与延伸者，也将成为它们的有力的竞争者。利用流媒体技术，网络将提供新的音/视频节目样式，也将形成新的经营方式，例如收费的点播服务。发挥传统媒体的优势，利用网络媒体的特长，保持媒体间良好的竞争与合作，是未来网络的发展之路，也是未来传统媒体的发展之路。

第三节 教学与要求

【教学目标】
1. 掌握全媒体和流媒体的相关名词与概念。
2. 了解流媒体的基础知识，能说出流媒体技术的优势。

【教学课时】
2课时。

【作业】
由4～5个学生组成一组进行讨论：学院应该与哪些媒体合作在校内为学生搭建哪些实训平台？最后各小组将小组意见整理后由小组代表陈述。

思考题

1. 流式传输方式和普通的网络视频传输方式相比有什么优势？
2. 全媒体与流媒体概念的关系是怎样的？
3. 常用的流媒体协议有哪些？
4. 你认为流媒体技术最重要的应用有哪些？

第二章　全媒体实训平台

【核心提示】
1. 了解全媒体实训平台的相关理论知识。
2. 掌握全媒体实训平台的内涵和架构。

融合、互通、互动，是全媒体呈现的三大前提；广播、点播、时移、电子商务和支付、社会信息化支撑、在线舆情调查等是可供展望的丰富的全媒体形态。全媒体平台体系建构就是要将这些全媒体业态进行有效的整合、把内容进行融合，从而形成新的适应全媒体运行的业务体系。

理想的全媒体平台就是个中央厨房，全媒体平台可以用同一种原材料加工生产出各种形态的产品，满足多种媒体需求。因为不同形态的媒体对内容的要求都是不一样的，电视要求形象，报纸要求深度，广播要求感染力，网站要求快捷丰富，手机报要求简洁……也就是说，一个记者采集到的信息，经过技术平台加工后，可以供报纸、杂志、网站、手机报、电子杂志等各种媒体使用。还要进行"层级开发"，也就是对一个新闻主题进行多层次、多侧面的分析与整合，就相当于炒菜，放不同的佐料，形成不同的新闻产品，满足不同媒介形态的需求，从而使一次信息采集以最低成本产生最大效益。

第一节　全媒体实训平台的概念

本书所述的"全媒体实训平台"，既是提供教学服务的实训平台，也是可对校内外传播的媒体平台。全媒体实训平台融合了在线直播、点播、频道编排、社交互动等功能，可以快速搭建全媒体计算机端与移动端门户网站，支持电脑、手机、平板、电视等多种终端观看；学生可以通过这套系统，组织各种活动的直播，或者精心制作某个栏目，贯穿播音、编辑、制作、录音、广播电视工程、配音、编剧等细分流程，让学生在校内就可以熟悉并实现电视台的各个流程，这对以后他们走上工作岗位具有非常实际的意义。

全媒体实训平台重在实训，旨在让学生把在课堂上学习到的理论知识及时应用到媒体节目的实战当中，整体内容管理模式和运行模式也更加贴近一线电视台，从而高效高质量地发挥全媒体实训平台的教学功能，学生在任何时间、任何地点，只要连接上网络就可以登录至全媒体实训平台进行实际操作,改变了以往学生必须去实验室才能进行学习的教学模式,真正做到理论与实践结合,随时随地教学。

第二节　全媒体实训平台的架构与功能

全媒体实训平台基于云构建,实现了电视电影、动漫、电子书等全媒体统一管理,并支持通过广电网、电信网和互联网实现对电视、个人电脑、手机和平板电脑等一体化全媒体服务:广播电视的多屏直播、时移回看,多屏点播、收听以及多屏阅读、分享、互动。完整的全媒体系统平台架构如图 2-1 所示。

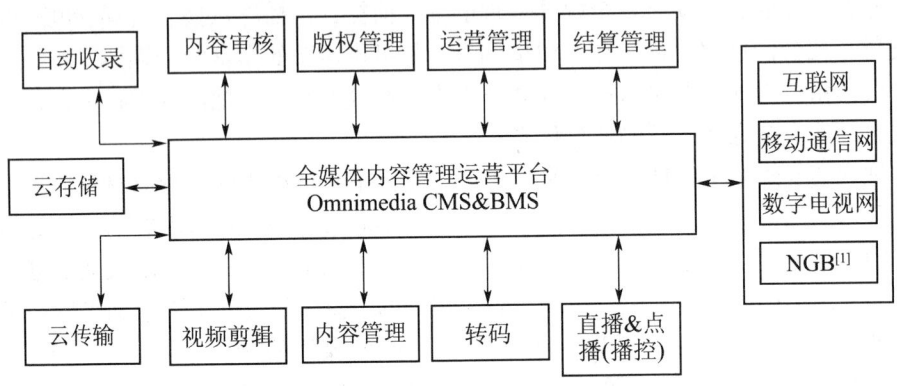

图 2-1　全媒体系统平台架构图

全媒体平台的云构建具有能够把传播者和接受者聚合在一起的海量的端点。互联网和数字化时代,信息的传播呈现着无限化和碎片化的特征。很多信息还处于一种原始的自然扩散状态,而全媒体平台通过其庞大的系统和海量的端点对这些散状的、线性的,甚至是网络传播的星型模式进行颠覆和重构。

全媒体实训平台包含了点播服务器软件(以下简称点播)、直播服务器软件(以下简称直播)、内容管理系统(以下简称 CMS)等多个软件系统,如图 2-2 所示。

①点播用于视频文件的分发,支持多屏多终端的视频播放。

②直播用于直播流的分发,支持多屏多终端的直播流播放。

③CMS 用于计算机与移动端的点播与直播节目管理以及计算机端与移动端的前台页面同步呈现。

---

[1] NGB (Next Generation Broadcasting Network),中国下一代广播电视网,是由科技部和广电总局联合组织开发建设,以有线电视网数字化整体转换和移动多媒体广播电视(CMMB)的成果为基础,以自主创新的"高性能宽带信息网"核心技术为支撑,构建的适合我国国情的、"三网融合"的、有线无线相结合的、全程全网的下一代广播电视网络。

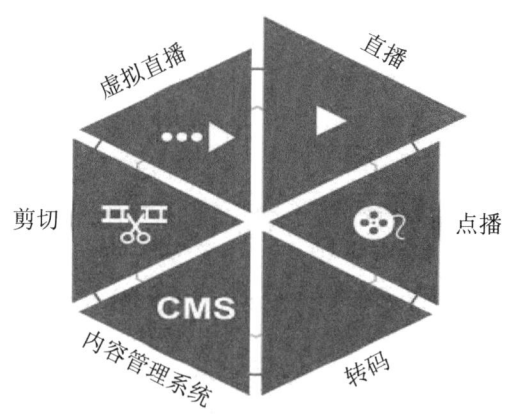

图 2-2　全媒体实训平台的软件架构

这些软件系统是互联互通的,可以多种组合方式来集成使用,点播、转码、虚拟直播都可上传视频文件;转码的视频文件可推送至点播与虚拟直播;而虚拟直播与点播可配置转码服务器用于后台转码支持;直播录制的视频文件可直接推送至点播或虚拟直播;CMS 配置直播与点播服务器后可直接获取到直播、点播的直播节目与视频,在计算机端与移动端同步呈现。各软件之间的关系及流媒体的流向如图 2-3 所示。

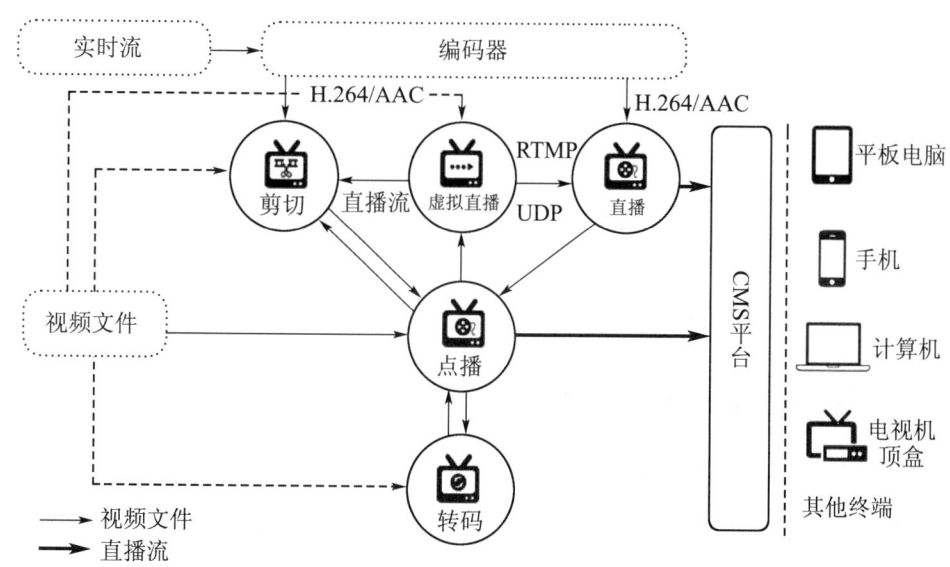

图 2-3　全媒体实训平台各软件间的关系图

另外,系统自带有分享功能,可一键批量分享,让内容得以推送到有需要的地方。图2-4列出了可以分享推送的平台。

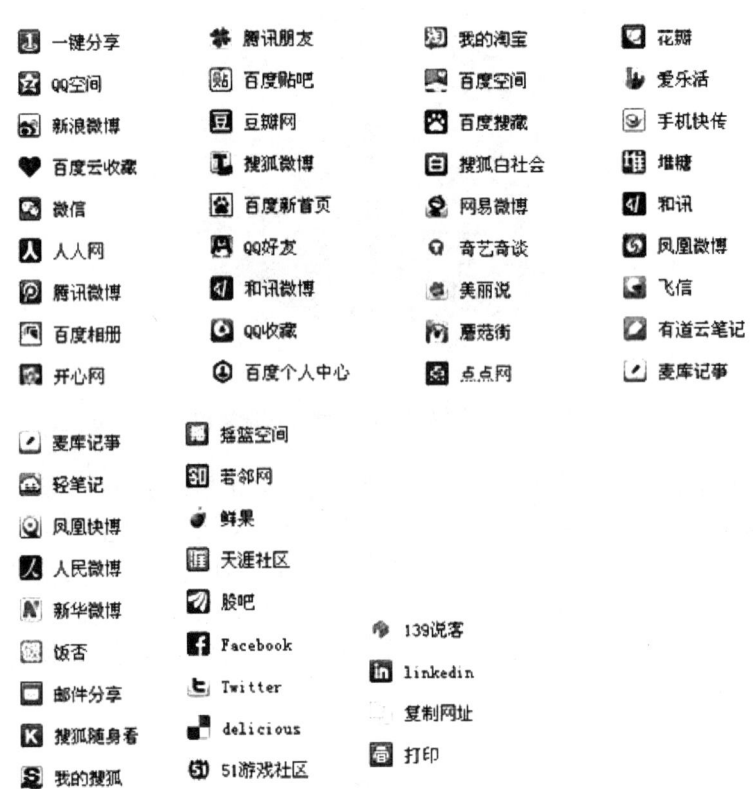

图2-4　全媒体实训平台内容可分享推送的平台

第三节　全媒体实训平台的使用流程

下面根据图2-3，简单概述一下直播、点播、CMS三个软件的使用流程。

一、直播使用流程概述

直播信号源经过编码器后可直接输入到直播服务器，组建直播节目并发布；若直播服务器开启了录制功能，录制好的视频文件可直接推送到点播或者虚拟直播服务器。

直播的使用流程为：登录→添加输入源→链接输入源→添加并组织节目→CMS获取节目信息→终端用户观看，如图2-5所示。详细操作见本书第五章。

图 2-5　直播使用流程

二、点播使用流程概述

视频文件首先上传到点播服务器,这种方式的好处是点播可以设置多种码率,只需要上传一次,且不会重复转码,视频文件可在这几个系统之间推送接收。设置好转码服务器与转码参数,上传视频文件后,点播将调用转码服务器进行转码,转码成功后,点播的视频文件变为"准备就绪"状态。

点播的使用流程为:登录→设置转码服务器与转码参数→上传视频文件→视频文件自动转码并发布获取代码→CMS 直接获取视频源→终端用户观看,如图 2-6 所示。详细操作见本书第六章。

图 2-6　点播使用流程

三、CMS 使用流程概述

配置直播与点播服务器后,在 CMS 系统中添加节目信息可直接获取直播与点播节目,终端用户即可通过手机、平板电脑、计算机、机顶盒等设备观看视频。

CMS 的使用流程为:登录→配置直播、点播服务器→添加直播、点播节目→审核节目→终端用户观看,如图 2-7 所示。详细操作见本书第七章。

图 2-7　CMS 系统使用流程

第四节 教学案例分析

一、密苏里新闻学院未来实验室

密苏里新闻学院的未来实验室因学生在这里制作出了许多优秀的新闻作品而闻名于世界高校,国内外许多高校的新闻学院都来此参观或借鉴他们的实践教学经验。

未来实验室由一个 50 平方米左右的演播厅(Studio)、一个 20 平方米左右的导播室以及一个开放的编辑区(见图 2-8)等构成。相对于演播厅和导播室,偌大的编辑区是一个开放的工作讨论区,主要设施是电脑桌和苹果电脑。任何高档的设备都会过时,唯有"开放"是永恒的,也许这就是密苏里新闻学院敢取名"未来实验室"的原因吧。

图 2-8 密苏里新闻学院未来实验室的开放编辑区

未来实验室的新闻作品比其硬件设施更值得一提。以未来实验室为依托,除了开设有《图片与视频编辑》《广播、电视与图片新闻》《杂志编辑》《纪录片剪辑》等基础实验课程外,密苏里新闻学院在媒介融合方面针对高年级本科生开设有一门实践性非常强的"Capstone"课程,该课程是学生对之前所学理论与实践课程的综合运用,学生在课程中制作的节目直接在电视台或网站上播放,如系列节目"Globe Journalist"等。

图 2-9 学生在未来实验室制作节目

二、华南理工大学全媒体实训平台

华南理工大学新闻与传播学院秉承"实验—实训—实习"阶梯式实践教学理念,于 2015 年在校内搭建了一个基于流媒体分发模式的全媒体实训平台。该全媒体实训平台不仅是移动校园网络电视台,还是广电级网络电视台的校园实训平台,可提升学生实践能力,提高竞争实力。全媒体实训平台是学校的社交化应用,可以与学生在线互动,通过微博、微信宣传学校,为学校学生提供在广电和新媒体机构实习和就业机会。

华南理工大学全媒体实训平台的建设目标如下:

(1)建立校园网络电视台("新传网络台",如图 2-10 所示),组建直播频道、在线课堂、学术报告、校园新闻、校企合作、党员教育等频道。用户可通过移动门户,使用手机浏览华工"新传网络台"的直播电视、新闻频道、专题频道、娱乐频道;可随时分享学生作品、晚会信息。

(2)可承载培养"网络传播学"专业学生实训工具。

(3)符合全套广电运营业务模式。

(4)移动端与微信互动。

(5)可微博和空间互动分享。

（6）在移动门户发布学生刊物，供读者使用手机直接阅读。
（7）可创建专题频道、新闻频道、学生自媒体频道等。

图 2-10 华工"新传网络台"直播频道截图

全媒体实训平台是理论与实践的完美结合。学生严格按照专业电视节目制作者的角度和水平去策划、编辑节目。为了吸引更多受众，节目团队还会对节目进行大量的包装和宣传。

第五节　教学与要求

【教学目标】
　1. 了解全媒体实训平台的相关理论知识。
　2. 掌握全媒体实训平台的内涵和架构。
【教学课时】
　2 课时。
【作业】
　分小组，每个小组设计一张全媒体实训平台门户网站的内容架构图。

思考题

1. 理解全媒体实训平台各软件之间的关系。
2. 你认为全媒体实训平台还应该增加哪些功能?
3. 如果建设一个校园网络电视台,可以开办哪些频道或栏目?

第三章 视频导播

【核心提示】
1. 了解视频导播所需器材及网络直播工作流程。
2. 掌握导播控制台的使用方法。

第一节 视频导播的基本知识

一、视频导播的概念

在电视节目制作中，对于采用固定场地、固定灯光类的节目，比如电视栏目、情景剧等节目，一般用多台摄像机拍摄。各路视频信号通过信号线传输到一个被称为"视频切换台"的设备上，由"电视节目制作人员"操作"视频切换台"，根据"电视表现规则"从多路信号中选择一路输出到录像机或编码器。这样拍摄完成后，也就完成了电视节目的初编。在多信号导播过程中，对于不同镜头、不同机位的选择，也决定了影视作品的画面呈现度的表现力。

二、视频导播所需器材

对于直播工作来说，相关器材的使用肯定是必不可少的，没有良好的硬件支持是不能完成一项出色的直播任务的。下面以几个典型器材为例来介绍一下在直播工作中将会使用到的器材。

1. 素材之源——摄像机

对于视频导播来讲，至少需要2台以上的摄像机，最多需要多少个机位则根据节目视觉表现的需要和视频导播台支持的视频路数来决定。如果拍摄的节目是用于网络直播或点播，选用标清摄像机就可以。摄像机的视频输出接口要与视频导播台的视频输入接口相匹配，常用的接口为BNC接口。BNC接口为细同轴电缆接口（如图3-1所示），可以隔绝视频输入信号，使信号间互相干扰减少，且信号带宽要比普通15针的D形接口大，可达到更佳的信号响应效果。如果摄像机的视频输出接口与视频导播台的视频输入接口不匹配，则需要接口转换线。

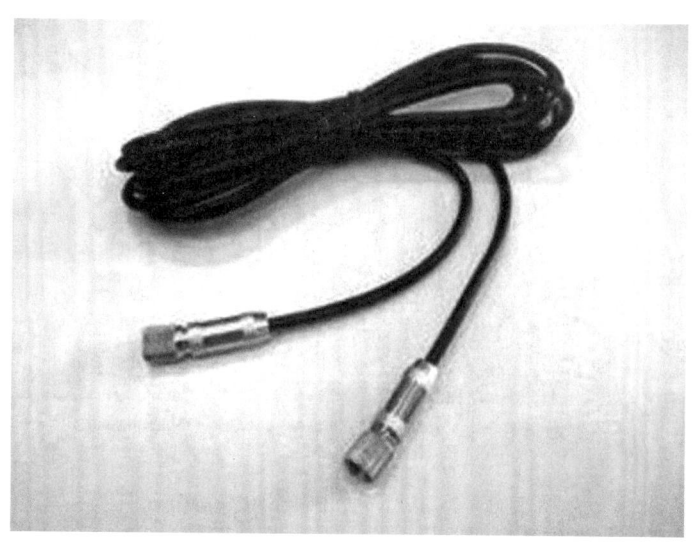

图 3-1 BNC 视频电缆线

关于摄像机的操作已有许多教科书介绍,本书就不详细介绍了。

2. 控制中心——导播台

对于网络直播,由于直播场地是变化的,因此必须选用便携式的演播箱,考虑到校内直播内容多为讲座类节目,且主要为学生实践使用,故选择四讯道的导播台就可满足要求。另外,视频节目是在网络上直播,图像不需要达到广播级的清晰度,故导播台选择标清格式就可以。

图 3-2 是上海洋铭公司的移动导播台 Datavideo HS-550,它集成在一个时尚轻便的铝箱中,适合应用在教育、会议等多种场所。HS-550 支持 4 路视频输入,3 路为 CV(复合)输入道,第 4 路可以自由选择复合视频、DVI 或 VGA。支持电脑信号输入这一点非常重要,因为讲座类节目中有大量的 PPT,从电脑中直接获取的信号会比拍摄投影画面效果强很多。HS-550 支持 CV 和 DV 输出,输出信号可接入流媒体编码器,也可通过自带的 CF 卡录像机进行直接录制。HS-550 能做三种转换:淡入淡出、划像和硬切,并支持一些简单的转场特效,这些功能足以满足网络直播要求。切换台上方有 2 个 7 英寸 LCD 显示屏,一个显示屏被分割成四个画面分别显示四路输入信号,一个显示屏显示输出信号。HS-550 充分集成了音/视频接口和独立的供电系统、通话系统以及 Tally 灯号显示功能。

3. 稳若泰山——三脚架、滑轮

人们在使用摄像机时往往忽视了三脚架的重要性,实际上视频拍摄往往都离不开三脚架的帮助,特别是长时间拍摄时。选择三脚架的第一个要素就是稳定性。三脚架滑轮底座是安装在三脚架下面的。安装重机器时,有了滑轮底座便可以轻松推来推去,有时安装了滑轮底座的机位也可当作游动机用。

图 3-2　Datavideo HS-550 导播台

图 3-3　三脚架和滑轮

三、网络直播的工作流程

在熟悉了视频导播需要使用的器材之后,所要做的就是灵活使用这些器材。在此基础上搭建一个可以完成直播任务的平台。网络直播的工作流程如图 3-4 所示。

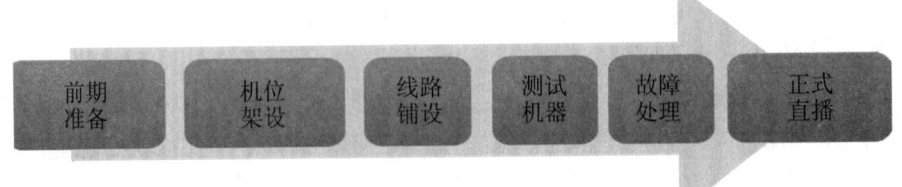

图 3-4　网络直播的工作流程

1. 前期准备

前期准备包括提前与被拍摄单位取得联系。双方协商灯光、背景、舞台音响等工作，负责摄像制作的小组需要在开始前到现场查看场地或录制彩排。提前计划好机位的布置及镜头的分配。最后根据现场情况准备设备与工具，最好能调试设备，以保万无一失。借设备也应及时，避免忙中出错。设备应装箱运输，装卸时应小心轻放，特别是多芯电缆头不能拖地碰撞。

2. 机位架设

根据直播任务的具体内容和目标的要求不同，可以灵活安排机位设定。通常情况下，会安排三个机位进行拍摄。以3台摄像机为例，机位布置一般是左中右，并编为机位一、机位二、机位三，如有游动机可编为机位四，编号可以导播的习惯为准。以拍摄对象（以舞台为例）为中心，可在正对对象的位置设一个中间机位，中间机位的左右两边可各设两个机位作为补充。机位的架设应不受观众影响，并有正确的视野。如图3-5所示，机位一（舞台正前方）：负责拍摄舞台全景；机位二（舞台两侧之一）：负责拍摄主持人中景或特写；机位三（舞台两侧之一）：负责拍摄嘉宾中景或特写，观众反应；控制台位于观众后方，以便控制全局。其中，中间机位十分重要，中间机位要求能获得整个舞台完整的全景画面，因此必须选择在舞台中心轴线较为靠后的位置。左右机位必须安排在中间机位全景视角之外，以避免使两机出现在所取画面中。左右机位应适当靠近舞台，以便能摄取演区内的演员特写镜头，但也不宜过于靠近舞台，以避免使舞台侧幕摄入镜头。

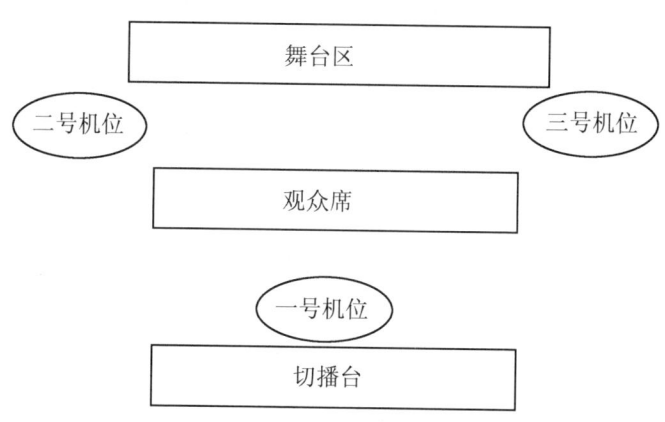

图3-5 直播机位图

3. 线路铺设

摄像电缆应绑扎牢固；连结头应用胶带封固，以防止灰尘进入；电缆走线应紧贴过道，防止踩踏；过路线最好用木板盖住或架高。线路要尽量绕外场布置，途中如有柱子或其他坚实可靠的物品时，应将线路在其上绕几圈后再往后继续拉线；若

没有，则需要用胶布将线路整理好粘在地上。这样做的目的是固定线路，以避免绊倒工作人员或观众。此外，连接到摄像机的线还需要注意一点，把线路插进摄像机之前，也要将线在摄像机的脚架上绕几圈，防止线路脱落，影响录制。随带工具须包括各种音/视频电缆头，以防关键线路断裂。

4. 测试机器

机器测试包括摄像机的调整，要保证各机位光线一致。RESET：初始摄像机，确保各机位使用相同的初始参数，根据需要的光线亮度调节摄像机参数（FOCUS 调为 AUTO 确保一致，NO FILTER（滤镜）调节至相同挡位，光线增益（LMH）调节一致）。事先选定一个参照标准保证各机画面一致，根据实际情况利用切播台监视器进行细微调整。同时检查三脚架是否灵活，摄像机是否水平。内部通话测试、音量大小是否正常，有无干扰。上灯光，并于舞台中央设白布，所有机位均推镜头至白布满全屏，调自动白平衡与黑平衡，并调手动白平衡与预置白平衡，缩小各状态的色彩差距。上音响，观察、调整各音频信号强弱。试录，检查特技切换台各项功能，并重放，观察切换时的录制效果。

5. 故障处理

故障一般出在连线与电缆上，如同步线中有一根接触不良，导致图像闪烁；地线接地不良，使操机人员触静电等。调机完成后应保证机位安全固定，防止观众入场时推倒。

6. 正式直播

录制/直播正式开始，机位位置在节目进行中不能随意发生改动，一切由导播（控制台负责人）通过内部通话进行调度。录制/直播结束后，负责该机位的工作人员要整理该机位的摄像机、脚架、滑轮、输出线，各种线路都要整理好，以备下一次使用。控制台则由导播（控制台负责人）进行整理，其他工作成员协助。负责借用器材的人员清点好器材数量，归还器材。

第二节　校园应用场景

（1）学术讲座直播。

（2）迎新、新年晚会等文艺表演直播。

（3）远程教育直播、MOOC 录制。

（4）校园网络电视台新闻、访谈类等节目直播/录制。

（5）校园各类活动视频直播/录制。

第三节　教学设备条件

（1）硬件

摄像机三台、三脚架三个、滑轮三个、导播台一个、手提电脑一台、直播服务器、视频连接线若干、计算机、平板电脑、智能手机。

（2）软件

IE8/IE9、火狐、谷歌、Safari 浏览器中的任一种，直播服务器软件。

（3）网络环境

局域网或广域网。

第四节　教学与要求

【实验准备】

1. 清点所需设备

移动演播室搭建所需的主要设备包括：数字导播台 1 个、摄像机 3 台、大脚架 3 个、滑轮 3 个、BNC 视频连接线 3 条、内部通话线 3 条、内部通话便携腰包 3 个、耳机 4 个、手提电脑 1 台及其配件（电源和鼠标等）、麦克风、音频连接线、排插等。

2. 出发前设备检查

（1）检查摄像机的电量是否充满，然后测试其录制功能，以确保录制的图像和声音没有任何问题。

（2）检查脚架的稳定性，主要看腿管有无变形、脚钉是否牢固等，以及检查滑轮的锁紧功能和操作是否顺畅。

（3）检查各种连接线的接头是否完好无损。

（4）检查其余设备是否完好无损。

把设备取出后，应将装设备的袋子按类别放好在不妨碍人的地方，相对贵重的设备袋子靠里面放。

3. 人员分组

直播活动是一项团体合作项目，往往会有很多人一起通力合作。这个时候我们就需要把人员以摄像小组的形式合理分组，以每个摄像小组为单位进行部署和管理。让每个摄像小组去完成各自需要负责的任务，这样不仅可以提高效率还方便直播时导播对摄像小组的指挥。

实验教学一：导播台操作练习

1. 实验目标

熟悉洋铭 HS–550 导播台的各种接口以及掌握视频切换操作。

2. 组织形式

由每个学生单独完成操作，也可以由 2～3 个学生一组进行讨论与交流，同时教师在实验过程中给予辅导与提示。

3. 实验课时

2 课时 + 课余时间。

4. 实验内容

（1）转场

①淡入淡出转场。

首先在面板上选择一个主信号视频和一个预备信号视频并按下对应的按钮，主信号源的按钮显示的是红色，预备信号源的按钮显示的是黄色。移动"T"形杆到相反的位置便实现了主输出画面与预览画面之间的淡化转场。这是常用的转场方式，这种效果还可以用来淡化因组接动静、明暗画面时造成的"视觉跳动"。

②硬切。

硬切是一个输入源从一个地方切换到另一个地方，没有任何特技效果。当一个主信号源按钮被按下，对应信号的画面则显示在主输出监视器上。"硬切"有时候还可以用来救场。当某台摄像机处于机位调整中而使镜头画面无法使用时，导播此时可以直接切换到主机位的全景镜头或第四讯道电脑上的内容来救急。

③划像转场。

首先选择一个主信号源和预览信号源，通过按下对应按钮设置转场模式，再移动"T"形杆进行转场。划像转场要慎重使用，使用不当会让观众感到眼花缭乱。

以下是所有划像功能的预览效果：（A 代表主输出源、B 代表预览信号源）

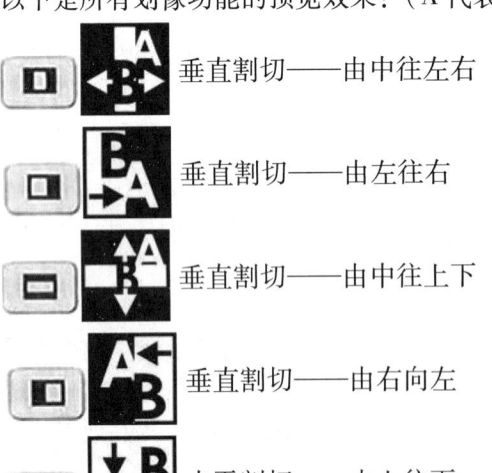

水平割切——由下往上

往右下角放大

往左下角放大

向右上角放大

向左上角放大

从中央放大

上下开屏或左右开屏的划像特效，可用于分屏对话（左右各一位嘉宾的对话），也可用于对比画面（如事件的前后对比）。

（2）特技

① QUAD 四分割视频特技。

按下〈QUAD〉四分割画面效果键，将四组视频画面组成一组信号输出，就是将屏幕切割成四个画面输出。再按一次〈QUAD〉键则恢复原输出的视频画面。此时，其他硬切及转场均不能执行，直到取消四分割画面特技功能。这种特技常用于多方连线，比如视频会议。

② SPLIT 二分割视频特技。

首先选择一个预备信号源，按下〈SPLIT〉键，则预备画面和主输出画面同时显示在屏幕上，显示方式为主视频来源在左边，次视频来源在右边。如果要变更不同的视频显示在屏幕上，只要变更输入来源的主输出视频及次输出视频，就可改变屏幕上的输入视频。此时，其他硬切及转场均不能执行，直到取消二分割画面特技功能。在新闻报道中，同时报道两个事件或者同一事件的不同侧面时，可以用到这种特技。典型的例子就是新闻节目中，将演播室主持人画面与现场记者报道的画面同时显示。

③ PIP 画中画特技。

画中画就是将预备信号视频置于主信号视频的窗口中，并控制其尺寸和位置。

按下〈PIP〉键则出现主信号及预备信号视频画面一大一小画面效果,此效果还可以改变窗口尺寸和位置。子画面的尺寸可通过按〈+〉或〈-〉键进行变更,不过只能调整两种尺寸。子画面的位置可以从面板上显示的箭头键〈LEFT〉和〈RIGHT〉进行位置变更,按照方向指示的位置将子画面选择在 9 个默认位置。此功能为双通道效果功能,所以无法执行转场功能。这种特技常常应用到高校精品课的直播中,将课件和教师两个画面来回放大缩小。当教师讲到课程的重点、难点,或者导入、小结等内容时,导播需要适时切入 PPT(或板书)内容,同时停留足够的时间,以学生能读清楚屏幕内容为标准。

④ `FREEZE` 画面静帧特技。

此特技可以将主信号在输出屏幕时做静帧效果处理。按下〈FREEZE〉键,画面呈现定格效果,将主视频定格,再按一次便可恢复为动态画面。此效果没有任何参数即不产生任何变化。定格效果属于单通道特效,可配合任何转场特技使用。

(3)注意事项

①切换要注意节奏的控制。节奏在歌唱类节目中可以根据演唱的歌曲节奏来确定,可以在每一句歌词结束之后切换,也可以在每一句的强拍处切换。对于访谈类节目,在嘉宾与主持人相互交流的过程中,如果只是呆板地把镜头对准讲话的嘉宾,容易使整个画面显得非常单调。因此,导播要抓住机会,在一段话中最后一个字的落音点,就要迅速切换到以主持人为主,嘉宾为辅的镜头,继而再切入到嘉宾独自的镜头,随之是嘉宾居于主要地位带着主持人的反镜头,最后就是嘉宾独自的镜头。

②切换中还要注意切点的选择,要符合剪辑的一般规律,比如"动接动""静接静"等。切点的选择要保证信息足量而不要冗余,在切换中不拖泥带水。每个镜头的长度不宜过长,也不宜过短。既要让观众看清楚,又不要使观众因镜头过长而分散注意力。

③切换不要一味炫耀技巧。高级的切换台都有十分丰富的特技效果,如果用得恰如其分则会给制作的节目加分,如果滥用反而会令人感到滑稽。

④导播在切换时,应注意前后镜头的景别差别,以营造连贯的视觉效果。镜头的视觉重量感依赖于拍摄的景别以及构图。画面的构图由景别、机位、灯光以及被摄人物的姿态、位置、移动方向、关系线、神态、表情等多方面因素共同决定,甚至还包括现场的氛围和环境因素。

⑤随时调用全景镜头。这类镜头一方面可以作为画面过渡使用,另一方面也为人物活动提供充分的空间。对于访谈类节目,当互动谈话中说话人变化太快时,一般以包容性较强的全景镜头为主,这既是为了避免遗漏细节,也能够避免过于频繁的切换造成视觉上的不适。

⑥节目间的切换,可通过特写、空镜头、观众转场,这样既可以避免演员不必

要的表情，也可以避免场上人员上下场的混乱；主持人串接时，如果背景乱，则镜头给特写。

⑦切换过程中有时难免出错，出错以后，不要急于改正，这样反而更容易让人感觉到你错了。而应该在不知不觉中调整，如镜头构图不好，则平稳调整；镜头没有主体，则慢慢移到主体上。

实验教学二：网络直播实践

1. 实验目标

熟悉网络直播的工作流程，掌握各设备之间的连接，锻炼学生之间的配合。

2. 组织形式

设置3个摄像组和一个导播组，每组由2～3个学生组成，进行操作与交流，同时教师在实验过程中给予辅导与提示，并对录制的视频内容进行事后点评。

3. 实验课时

8课时（实训两次，每次4课时）+课余时间。

4. 实验内容

（1）直播现场机位架设

首先将三组摄像机、脚架和滑轮组装好，将三台摄像机调到同一高度，保证拍摄的统一协调性。然后布置"三角机位"，即在幕墙的中间和左右两侧分别放置一台摄像机。我们给机位的编号是，中间的是机位一（主机位），左侧为机位二，右侧为机位三。

注：一般情况下左边的机位为机位一，中间的主机位为机位二，右边的机位为机位三，但此处为了导播方便切换，将左边与中间的机位名称调换。

（2）导播台架设

导播台一般设置于主机位的后方，正对幕墙，这样便于导播纵观全局，从而可以有效地根据实际情况做出调整。首先固定导播台。取下导播台的上盖，展开支架，将其放在导播台的一侧。连接插线板，插上储存卡，接通电源，打开导播台。

（3）线路连接

①连接导播台和摄像机。

将BNC视频输入线的一端插入摄像机的视频输出口（如图3-6所示），另外一端插入导播台INPUT部分的CV1、CV2、CV3三个接口（此处的1、2、3分别对应一、二、三号机位），如图3-7所示。

图 3-6 摄像机的 BNC 输出接口

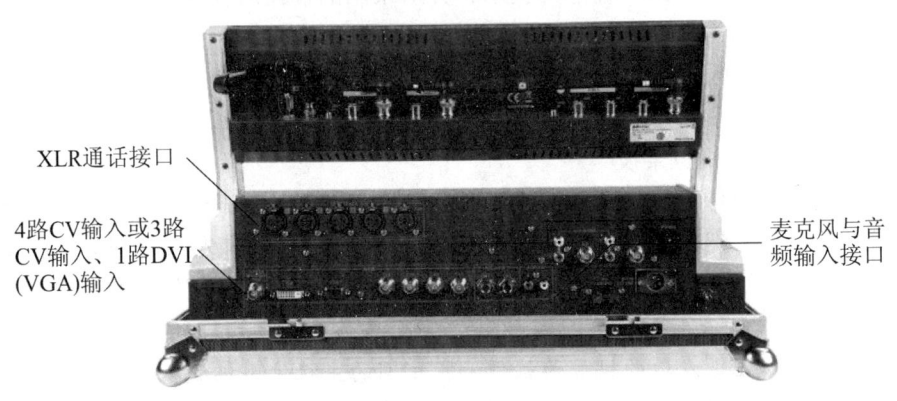

图 3-7 导播台的接口图

②通话系统连接。

将内通系统子机（如图 3-8 所示）绑在摄像机脚架上（保证稳定），使用内通线连接导播台与机位，导播台一侧接入对应机位信号的内通线接口。内通线的一端（母口）连接上子机的 TO MASTER UNIT（连接主机端子），另一端（公口）连接到导播台的 XLR 通话接口。最后将耳麦连接入子机红色接口。

③声音信号连接。

将现场的拾音器或麦克风的信号接入图 3-7 中音频输入接口。

④导播台与编码器的连接。

将导播台的音/视频输出接口与编码器的音/视频输入接口连接。编码器通过网线接入校园网，将编码后的数字直播信号送到直播服务器。

（4）测试机器

在正式录制/直播前，各工作人员就位，负责摄像的学生调整摄像机，保证各机位光线一致。导播（控制台负责人）测试：a. 调节 PREVIEW 及 PROGRAM、

POWER 按钮于 ON，SOURCE 设为 V1，在监视器上查看各机位信号接入情况，确保各机位信号接入。b. 进行调试内部通话系统，保证三台摄像机与导播台沟通通畅，进行通话麦克风的调试，尝试切换各个机位，调至合适的音量。如果不能接收到信息，及时调试。c. 调试摄像机，通过导播台屏幕将三台摄像机拍摄的画面亮度、色调等参数保持一致。d. 通过 VGA 线将导播台和笔记本电脑相连接。使用 VGA 线，导播台一侧插入 VGA 接口，另一侧连入笔记本电脑，利用监视器观察是否连接成功，连接成功后作为第 4 路信号，可利用笔记本电脑播放 PPT、暖场音/视频等。

图 3-8　内部通话子机

（5）正式录制/直播

录制/直播正式开始，机位位置在节目进行中不能随意发生改动，一切由导播（控制台负责人）通过内部通话进行调度。

直播讲座时，可根据不同教学内容和不同教师的讲课风格选用不同景别的镜头，例如有些教师讲课主要以讲授为主，没有太多的动作，则镜头以中近景为主；有些教师讲课需要展示太多的动作内容，或者需要不断在讲台、投影、黑板等地方走动，此时镜头以全景为主。当有课堂互动时，一方面要及时切换到对应学生的画面，另一方面还要避免摄像机的相互穿帮。导播在上课之前可以和授课老师协调一下，事先了解教学中有哪些环节，做到心中有数。另外，教师讲授时需要适时插入学生的反应镜头，如专注听课、记笔记等画面，一方面丰富镜头语言，另一方面也让观看直播的学生产生参与感，还可以适时插入一些既有学生又有教师的包容镜头。

在直播一场文艺晚会的歌唱节目时，对于节奏明快的歌曲可以采取快频率切换的方式，即"硬切"；而对于那些节奏舒缓、饱含感情的歌曲，则需要采用慢节奏切换，即"淡化"，甚至有时可以等待一曲终了后再进行切换。对于相声、小品等

节目而言，基本上不采用切换的技巧，镜头转换以硬切为主。

（6）整理机器

录制/直播结束后，负责该机位的工作人员对应地整理该机位的摄像机、脚架、滑轮、输出线，各种线路都要整理好，以备下一次使用。控制台则由导播（控制台负责人）进行整理，其他工作成员协助。负责借用器材的同学清点好器材数量，归还器材。

【作业】

1. 每个同学在导播台上至少操作一遍视频的"转场""特技"等技巧。
2. 每个同学参与 1～2 次网络直播实践活动，并担当不同的角色。

思考题

1. 什么叫做"导播"？导播有哪些职责？
2. 什么是"硬切"？在哪些情况下可使用"硬切"转场？
3. 在校园里，网络直播可应用于哪些领域？
4. 如果做一场校园现场直播，该做哪些前期工作和准备哪些设备？
5. 如何提高直播画面的美观度和观赏性？
6. 如何提高视频导播的流畅度（画面与声音的配合）？

第四章　视频编码

【核心提示】
1. 了解编码器的相关理论知识。
2. 掌握编码器的设置方法。

第一节　视频编码的基本知识

从导播台出来的信号是模拟的音/视频信号，该信号接入直播服务器之前，还需要进行数字化编码和压缩，如图4-1所示。

图4-1　视频信号的数字化和压缩

视频信号数字化后数据带宽很高，通常在20MB/s以上，因此计算机很难对之进行保存和处理。采用压缩技术通常可把数据带宽降到1～10MB/s，这样就可以将视频信号保存在计算机中并作相应的处理。视频流传输中最为重要的编解码标准有国际电联的 H. 261、H. 263、H. 264，运动静止图像专家组的 M-JPEG 和国际标准化组织运动图像专家组的 MPEG 系列标准，此外在互联网上被广泛应用的还有 Real-Networks 的 RealVideo、微软公司的 WMV 以及 Apple 公司的 QuickTime 等。

第二节　编码器概述及应用范围

简单的模拟视频数字化可通过安装在通用计算机上的视频压缩卡来完成，但要实现大码流的实时视频编码和压缩，需要专用的编码器。目前市面上还有许多 HDMI 高清编码器，它们是专业的高清音/视频编码及复用产品，支持多路 HDMI 音/视频输入接口，支持 H. 264 编码格式，可同时对音/视频进行编码；可输出 TS 双码流，并根据不同需要设置每一路的输出码流分辨率，全面支持 VLC 解码操作。HDMI 高清编码器具有高集成、低成本的优势，可应用于以下多种范围：网络电视

高清编码器、可接入 NVR 硬盘录像机、数字标牌高清流服务器、视频会议系统视频服务器、网络会议系统视频采集、代替高清视频采集卡、酒店宾馆有线电视系统。

第三节　教学设备条件

（1）硬件

一款高清编码器产品（如，GH2001）、电脑若干台等。

（2）软件

IE8/IE9、火狐、谷歌、Safari 浏览器中的任一种。

（3）网络环境

局域网或广域网。

第四节　教学与要求

实验教学：设置编码器参数

1. 实验目标

掌握编码器参数设置。

2. 组织形式

由教师进行演示实验。有条件的学校也可由 2～3 个学生一组进行操作，同时教师在实验过程中给予辅导与提示。

3. 实验课时

2 课时 + 课余时间。

4. 实验内容

（1）复位初始化编码器。编码器的面板上有个 RST 按钮用于对 HDMI 高清编码器进行初始化复位，在通电状态下，按住不放 10 秒后会自动重启，所有参数会初始化。IP 地址恢复出厂默认地址：192.168.1.168。

（2）修改配置电脑的 IP 地址。电脑 IP 地址设置为：192.168.1.＊，注：＊为除 168 之外的 0～254 中的任意一个。

（3）将配置电脑和编码器接入同一个局域网中，打开电脑中的浏览器，输入：192.168.1.168，这时就可通过电脑访问编码器。在编码器的初始 WEB 界面输入：用户名：admin、密码：admin，如图 4－2 所示。

图 4-2　编码器登录界面

（4）显示编码器状态。登录后屏幕上即会显示编码器的当前状态，如图 4-3 所示。访问地址：可直接复制到 VLC 播放软件中进行解码。视频参数：输入的视频信号参数。音频参数：输入的音频信号参数。硬件状态：中断数有数字在不断增加，说明有视频输入，显示为 0 时表示无视频输入，需对输入信号进行检查。

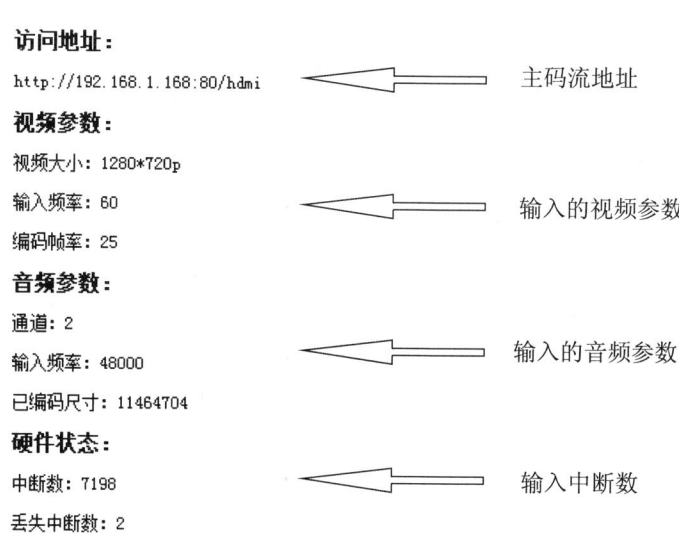

图 4-3　编码器状态显示

(5) 设置网络参数。点击顶部菜单中的【网络设置】，在这里可将编码器的 IP 地址设置为自己所需要的地址。（设备的 IP 地址，出厂默认为：192.168.1.168，如果修改后，忘记了 IP 地址，可在通电的状态下按面板上的复位键 10 秒后重启，恢复出厂默认值。）所有参数设置好后，点击〈设置〉按钮，保存修改，如图 4－4 所示。

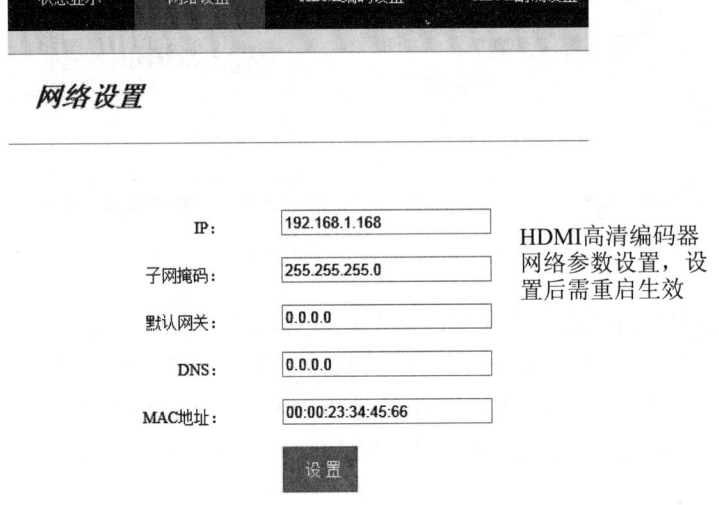

图 4－4　编码器网络参数设置

(6) 主流的编码参数设置。点击菜单中的【HDMI 编码设置】。首先对输入的视频、音频参数设置，每项的具体含义见图 4－5 和图 4－6，各项参数可根据实际应用进行调整。随后进行网络传输协议设置，如图 4－7 所示。（注：HTTP 协议启用下，播放器不用输入/hdmi 就可以播放。）所有参数设置好后，点击〈设置〉按钮，保存修改。

(7) 设置副流参数。点击菜单中的【HDMI 副流设置】，如图 4－8 所示的副流网络参数设置与主流相同。如果要启用 RTMP 协议，则 H.264 级别选择：baseline profile；RTMP 协议选择：启用；设置 RTMP 上传服务器地址；设置 RTMP 上传服务器端口；设置 RTMP 上传节点。所有参数设置好后，点击〈设置〉按钮，保存修改，具体参见图 4－9。

主流编码设置

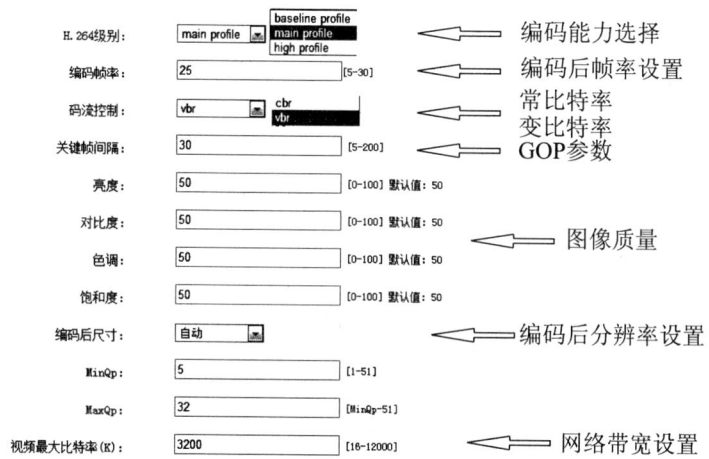

图 4-5 编码器的主流音/视频参数设置

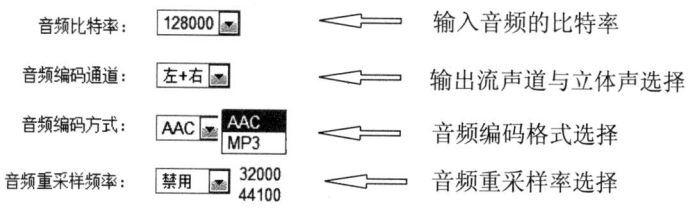

图 4-6 编码器的主流音/视频参数设置（续）

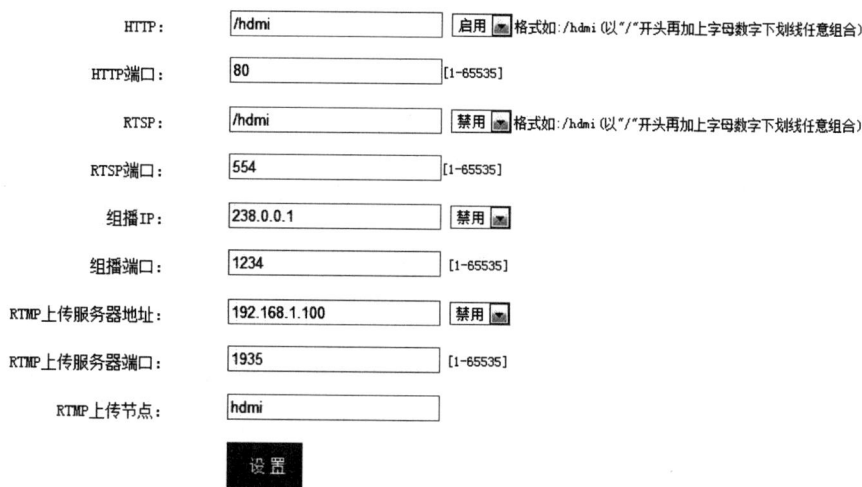

图 4-7 编码器的网络传输协议设置

副流设置

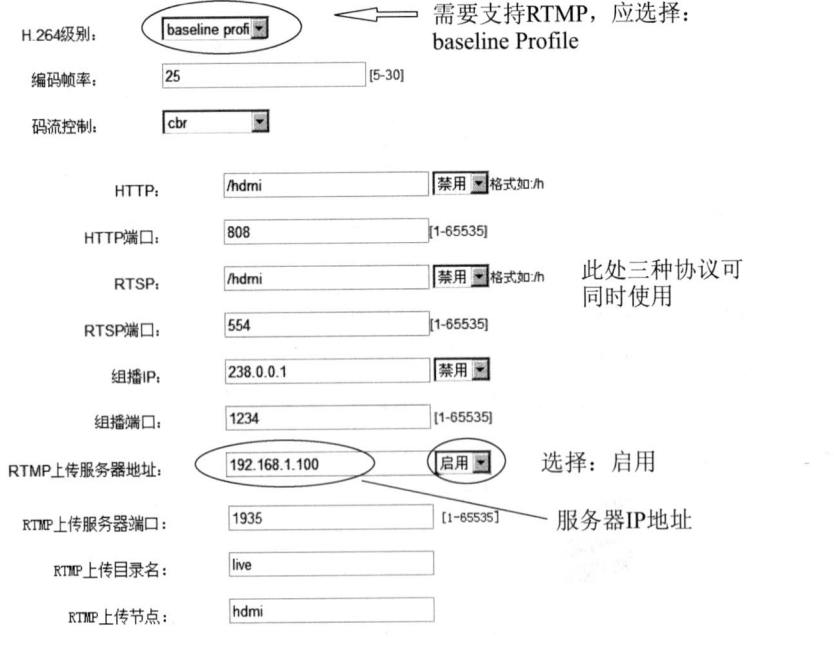

图 4-8 编码器副流网络参数设置（HTTP 协议）

图 4-9 编码器副流的网络参数设置（RTMP 协议）

(8) RTMP 流的服务器测试：

①在电脑上安装软件 Flash Media Server 3.5，安装时不需要输入序列号，用户名和密码都输入：1。

②安装完成后，启动后台软件，如图 4-10 所示。

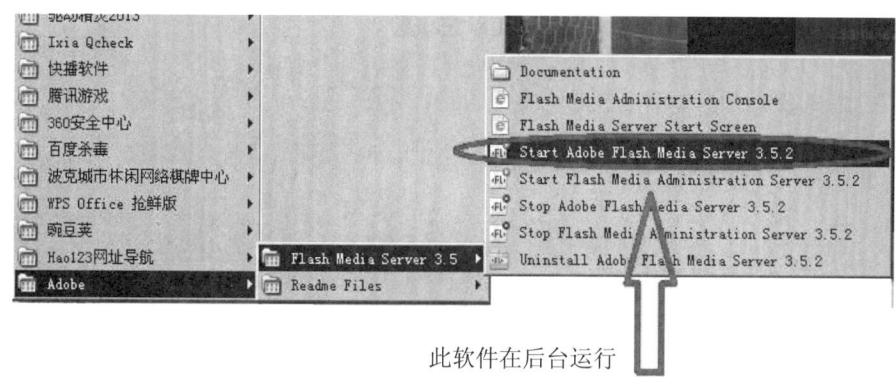

此软件在后台运行

图 4-10　启动 Flash Media Server 3.5

③打开 Flash Player 文件夹中的 VideoPlayer.html 。

④如图 4-11 所示，在 URL 中输入：rtmp://ip 地址/rtmp/hdmi，然后选 live 就可以看到图像了。如果按图 4-11 中的设置，也可输入：rtmp://192.168.1.100:1935/live/hdmi，选中："LIVE"，点击〈PLAY STREAM〉。

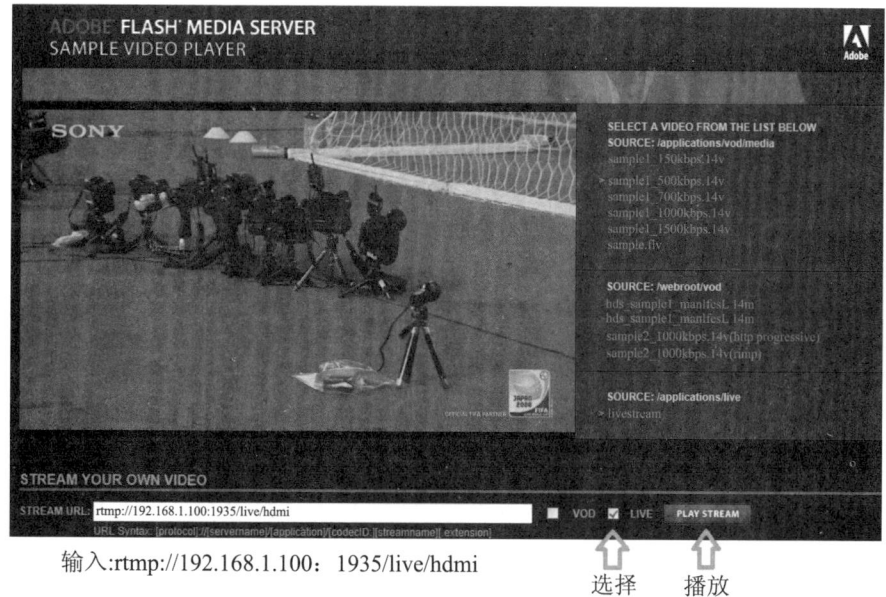

输入:rtmp://192.168.1.100:1935/live/hdmi　　　选择　播放

图 4-11　Flash Media Player 界面

【作业】

1. 熟悉高清编码器的系统设置和管理。
2. 把高清编码器和流媒体服务器设置连通。

思考题

1. 编码器的作用是什么?
2. 专用编码器都应用于哪些领域?

第五章　流媒体直播系统实训

【核心提示】
1. 了解视频直播的相关理论知识。
2. 掌握流媒体直播系统的使用方法。

第一节　流媒体直播的基本知识

一、直播的概念与架构

直播是指在现场随着事件的发生、发展，同步制作和发布信息，具有双向流通过程的信息网络发布方式。其形式也可分为现场直播、演播室访谈式直播、文字图片直播、音/视频直播或由第三方提供信源的直播。

流媒体直播服务器系统架构如图5-1所示。直播服务器软件是高清音/视频直播流的服务端分发软件，它可以接收直播流、视频文件等多种形式的输入源，输出HTTP FLV、RTMP等多种协议的直播流，适应多平台多终端的播放。同时具备海量存储、查询便捷的功能。

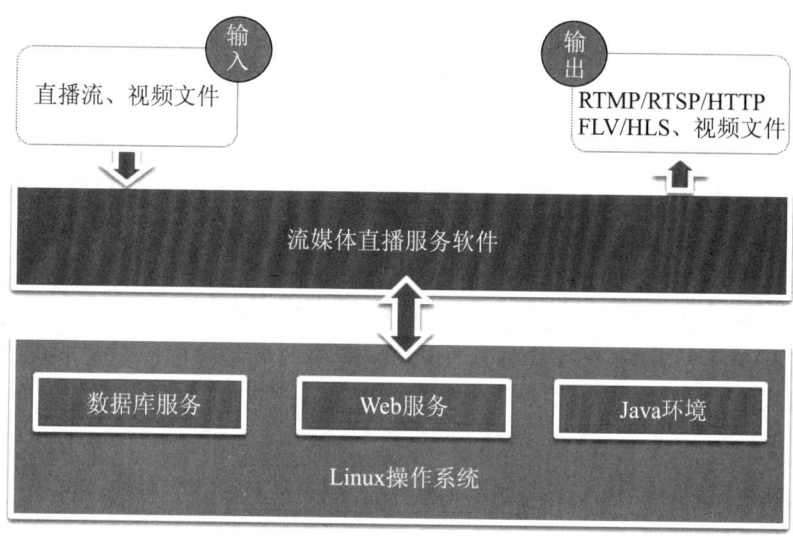

图5-1　流媒体直播服务器系统架构

二、相关技术简述

1. 直播的输入协议

（1）UDP

UDP 是 User Datagram Protocol 的简称，中文名是用户数据报协议，是 OSI（Open System Interconnection，开放式系统互联）参考模型中一种无连接的传输层协议，提供面向事务的简单不可靠信息传送服务，IETF RFC 768 是 UDP 的正式规范。UDP 在 IP 报文的协议号是 17。

UDP 协议主要用来支持那些需要在计算机之间传输数据的网络应用，包括网络视频会议系统在内的众多的客户/服务器模式的网络应用都需要使用 UDP 协议。UDP 协议从问世至今已经被使用了很多年，虽然其最初的光彩已经被一些类似协议所掩盖，但是即使是在今天，UDP 仍然不失为一项非常实用和可行的网络传输层协议。

与 TCP（传输控制协议）协议一样，UDP 协议位于 IP（网际协议）协议的上层。根据 OSI（开放系统互连）参考模型，UDP 和 TCP 都属于传输层协议。

UDP 协议的主要作用是将网络数据流量压缩成数据包的形式。一个典型的数据包就是一个二进制数据的传输单位。每一个数据包的前 8 个字节用来包含报头信息，剩余字节则用来包含具体的传输数据。

UDP 协议使用端口号为不同的应用保留其各自的数据传输通道。UDP 和 TCP 协议正是采用这一机制实现对同一时刻内多项应用同时发送和接收数据的支持。数据发送一方（可以是客户端或服务器端）将 UDP 数据报通过源端口发送出去，而数据接收一方则通过目标端口接收数据。有的网络应用只能使用预先为其预留或注册的静态端口；而另外一些网络应用则可以使用未被注册的动态端口。因为 UDP 报头使用两个字节存放端口号，所以端口号的有效范围是从 0 到 65535。一般来说，大于 49151 的端口号都代表动态端口。

也许有的读者会问，既然 UDP 是一种不可靠的网络协议，那么还有什么使用价值或必要呢？其实不然，在有些情况下 UDP 协议可能会变得非常有用，包括视频电话会议系统在内的许多应用都证明了 UDP 协议的存在价值。因为相对于可靠性来说，这些应用更加注重实际性能，所以为了获得更好的使用效果（例如，更高的画面帧刷新速率）往往可以牺牲一定的可靠性（例如，会面质量）。这就是 UDP 和 TCP 两种协议的权衡之处。根据不同的环境和特点，两种传输协议都将在今后的网络世界中发挥更加重要的作用。

（2）RTMP

RTMP（Real Time Messaging Protocol）实时消息传送协议是 Adobe Systems 公司为 Flash 播放器和服务器之间音频、视频和数据传输开发的开放协议。RTMP 协议被 Flash 用于对象、视频、音频的传输，这个协议建立在 TCP 协议或者轮询 HTTP 协议之上。它有三种变种：

①工作在 TCP 之上的明文协议，使用端口 1935；

②RTMPT 封装在 HTTP 请求之中，可穿越防火墙；

③RTMPS 类似 RTMPT，但使用的是 HTTPS 连接。

RTMP 协议就像一个用来装数据包的容器，这些数据可以是 AMF 格式的数据，也可以是 FLV 中的音/视频数据。一个单一的连接可以通过不同的通道传输多路网络流。这些通道中的包都是按照固定大小的包传输的。RTMP 中定义了两种通信单元：消息（message）和消息块（chunk）。

RTMP 消息是协议中实现各种流媒体控制和应用的基本逻辑信息单元，消息从种类上可以分为协议控制消息、用于发送音频数据的音频消息、用于发送视频数据的视频消息、发送用户数据的数据消息、共享对象消息以及命令消息，属于相同逻辑通道的消息组成一个消息流，这个逻辑通道通过消息格式中的"消息流 ID"字段来标识。作为应用层协议，RTMP 协议架构在 TCP 层之上，但 RTMP 消息并不是直接封装在 TCP 中，而是通过一个被称为消息块的封装单元进行传输。消息在网络上发送之前往往要分割成多个较小的部分，这些较小的部分就是消息块，属于不同消息流的消息块可以在网络上交叉发送。这样做可以保证各个消息流中的高优先级消息块能够严格按照时间顺序达到通信的对端。比如某个较长消息的实时性要求比较低，如果不进行消息块处理，等长消息都发送完毕后再发送实时性要求高的短消息，则会对流媒体的播放质量造成影响。

（3）HTTP TS

HTTP TS 是以 HTTP 协议传输，TS 格式封装的流。

TS 流，即"Transport Stream"的缩写，是 MPEG 国际组织规定的音/视频封装的标准，机顶盒接收的都是这种格式的数据。DVB-T、DVB-S、DVB-C（地面机顶盒、卫星机顶盒、有线机顶盒）解析的都是 TS 流数据。

TS 流是分包发送的，每一个包长为 188 字节。包的结构为，包头为 4 个字节，负载为 184 个字节。在 TS 流里可以填入很多类型的数据，如视频、音频、自定义信息等。MPEG2-TS 主要应用于实时传送的节目，比如实时广播的电视节目。MPEG2-TS 格式的特点就是要求从视频流的任一片段开始都是可以独立解码的。简单地说，任何时候打开电视机，电视节目都能被解码（收看）。相反地，如果将

DVD 上的 VOB 文件的前面一截剪掉（或者是数据损坏）就会导致整个文件无法解码。

（4）RTSP

RTSP（Real Time Streaming Protocol），实时流传输协议，是 TCP/IP 协议体系中的一个应用层协议。RTSP 在体系结构上位于 RTP 和 RTCP 之上，它使用 TCP 或 RTP 完成数据传输。该协议建立并控制一个或几个时间同步的连续流媒体。尽管连续媒体流与控制流交换是可能的，通常它本身并不发送连续流。换言之，RTSP 充当多媒体服务器的网络远程控制。RTSP 连接没有绑定到传输层连接，如 TCP。在 RTSP 连接期间，RTSP 用户可打开或关闭多个对服务器的可传输连接以发出 RTSP 请求。此外，可使用无连接传输协议，如 UDP。RTSP 流控制的流可能用到 RTP，但 RTSP 操作并不依赖用于携带连续媒体的传输机制。

HTTP 与 RTSP 相比，HTTP 请求由客户机发出，服务器作出响应；使用 RTSP 时，客户机和服务器都可以发出请求，即 RTSP 可以是双向的。

2. 直播的输出协议

（1）RTMP 输出

这种方式主要支持计算机上 Flash 播放器的直播应用，也支持 Android 设备的直播应用，其芯片需要有 Adobe 官方授权。

（2）HTTP-FLV 输出

以 FLV 封装实时音/视频流，通过 HTTP 协议分发，这种方式既支持计算机上的 Flash 播放器，也支持 Android 设备的直播应用。

（3）HLS 输出

HLS（HTTP Live Streaming），Apple 的动态码率自适应技术。这种方式支持 iPhone、iPad、iPod 等设备的播放应用。

（4）RTSP 输出

这种方式支持 Android 原生媒体播放应用。

3. 直播时移

随着多媒体技术的发展和宽带网络的普及，网络电视逐渐走入用户的视野，并逐渐被广电、教育、企业、智能社区所推广与使用。尽管流媒体直播技术定位于提供实时流服务，然而用户需求也是多样的，如何解决直播系统的实时性与用户的个性化回放需求之间的矛盾，"时移"回放技术很好地解决了这个矛盾。直播时移技术与网络电视台的完美结合，实现了观众收看网络直播电视时可以自由掌控，随时暂停或者回放，不错过任何一个精彩的节目。

简言之，可以任意回放过去任意时间的直播内容，即为直播时移。该技术主要应用于新兴的网络电视台。直播时移是在电视频道直播的基础上增加了"时移"功能，采用时移技术使用户在观看直播节目时不仅可以暂停节目，而且在继续观看时不会因为刚才的暂停而漏掉任何节目内容。同时因为有时移功能，用户可以通过往回拖动进度条上的滑块（时移操作）产生类似于"节目回放"的效果，重新欣赏已经播放过的精彩片段。进行时移操作后，只需点击〈回到直播〉按钮即可切换到当前频道正在直播的节目内容。

直播时移技术的原理：通过编码转码系统，将普通的视频信号输出为流（如FLV 格式），并对其进行切片、索引，再经由流媒体服务器对流进行打包、分发，最终同步输出到各种终端，如电视机、计算机、平板电脑、手机。最终用户看到的直播内容就可以随意回放了。

直播时移技术采用无限长存储和实时流缓存相结合，在这之间实现了录播和直播无缝融合。用户可以任意选择频道、码率和时间点，可在任意时刻观看任意节目，可在任意时刻回到直播点。直播服务器软件可以做到支持 Web、IOS、Android系统的播放，并支持多码流与自适应码流技术，系统能根据播放终端的不同，在输出相应协议流的同时，输出合适的码流，以保证每个终端都能流畅播放。

4. CDN

CDN 的全称是 Content Delivery Network，即内容分发网络。它是通过在网络各处放置节点服务器所构成的在现有的互联网基础之上的一层智能虚拟网络。其基本思路是尽可能避开互联网上有可能影响数据传输速度和稳定性的瓶颈和环节，使内容传输得更快、更稳定。

CDN 系统能够实时地根据网络流量和各节点的连接、负载状况以及到用户的距离和响应时间等综合信息将用户的请求重新导向离用户最近的服务节点上。其目的是使用户可就近取得所需内容，解决 Internet 网络拥挤的状况，提高用户访问网站的响应速度。

CDN 的基本原理是广泛采用各种缓存服务器，将这些缓存服务器分布到用户访问相对集中的地区或网络中，在用户访问网站时，利用全局负载技术将用户的访问指向距离最近的工作正常的缓存服务器上，由缓存服务器直接响应用户请求。

CDN 的关键技术主要有内容存储（复制技术、缓存技术等）和分发技术（负载均衡、镜像服务等）。实现 CDN 的主要技术手段是高速缓存、镜像服务器。可工作于 DNS 解析或 HTTP 重定向两种方式，通过 Cache 服务器或异地的镜像站点完成内容的传送与同步更新。DNS 方式用户位置判断准确率大于 85%，HTTP 方式准确率为 99% 以上。一般情况下，各 Cache 服务器群的用户访问流入数据量与 Cache 服务器到原始网站获取内容的数据量之比在 2∶1 到 3∶1 之间，即分担 50% 到 70% 的数据量到原始网站重复访问数据量；对于镜像，除数据同步的流量，其余均在本地完成，不访问原始服务器。

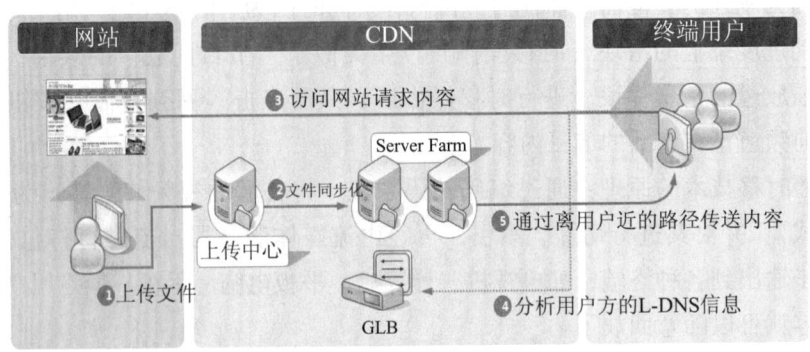

图5-2 使用CDN缓存后网站的访问过程

通过图5-2，我们可以了解到，使用了CDN缓存后网站的访问过程为：

①编辑将内容上传到网站的中心服务器；

②内容被同步到下级镜像服务器或高速缓存设备上；

③用户向网站发出访问需求；

④CDN网络的全局负载均衡DNS分析用户的IP地址、DNS等信息；

⑤全局负载均衡DNS通过一组预先定义好的策略，将当时最接近用户的节点地址提供给用户，使用户能够得到快速的服务。

CDN网络架构主要有中心和边缘两部分。中心指CDN网管中心和DNS重定向解析中心，负责全局负载均衡，设备系统安装在管理中心机房。边缘主要指异地节点，CDN分发的载体，主要由Cache和负载均衡器等组成。负载均衡设备还负责收集节点与周围环境的信息，保持与全局负载DNS的通信，实现整个系统的负载均衡。高速缓存服务器（Cache）负责存储客户网站的大量信息，就像一个靠近用户的网站服务器一样响应本地用户的访问请求。

三、直播软件介绍

1. 直播软件的功能结构

图5-3直观展现了全媒体实训平台中的直播软件系统功能结构。

2. 直播软件实现流程

如图5-4所示，直播源（现场直播节目、虚拟直播节目、数字电视节目、卫星电视节目）通过编码器或编码软件推送到直播服务器软件，直播软件对实时流进行转协议、封装等处理，终端用户可以通过计算机、手机、平板电脑等多种终端实时观看直播内容，且可以将直播内容在服务器上进行时移录制。

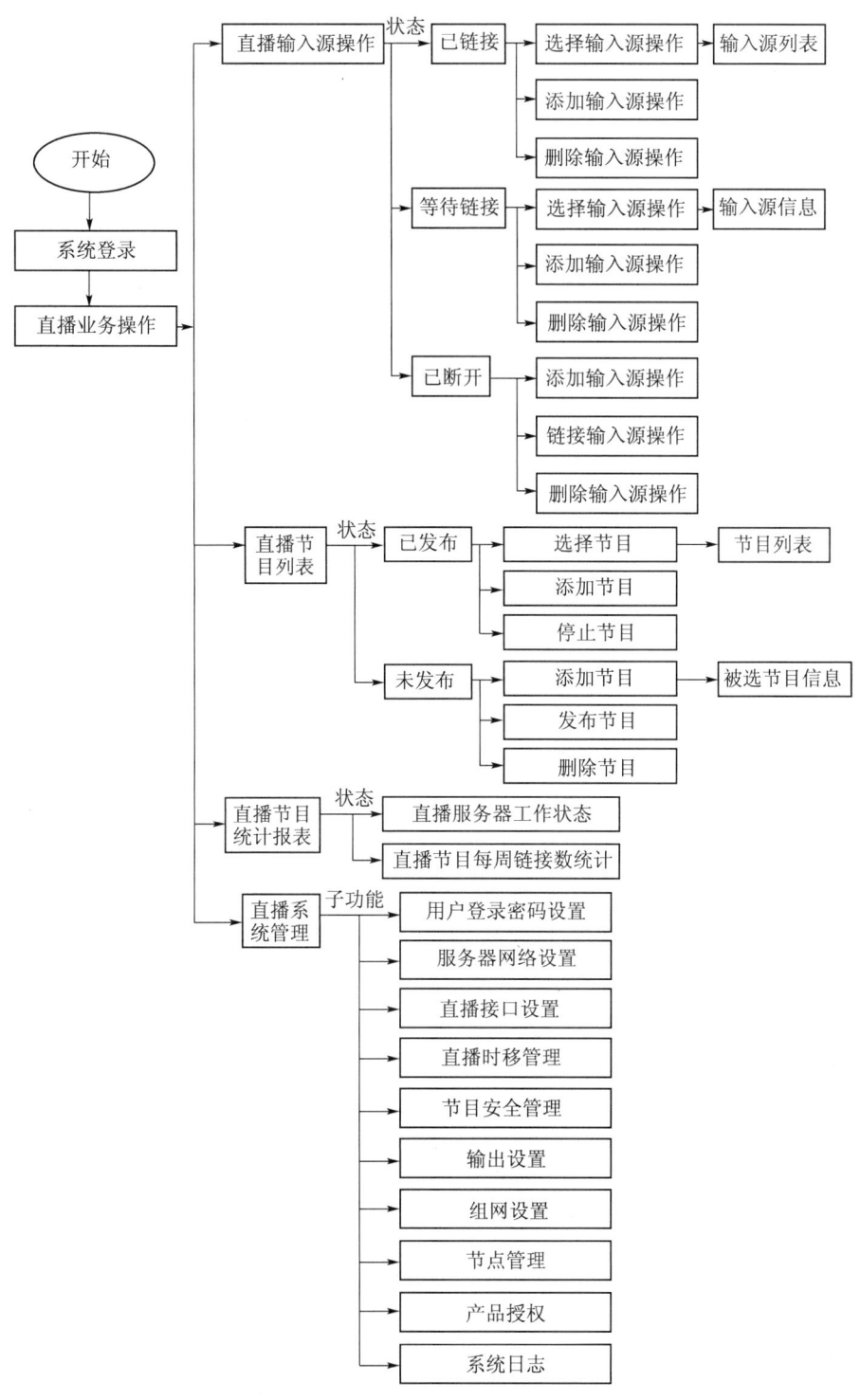

图 5-3 直播软件的功能结构

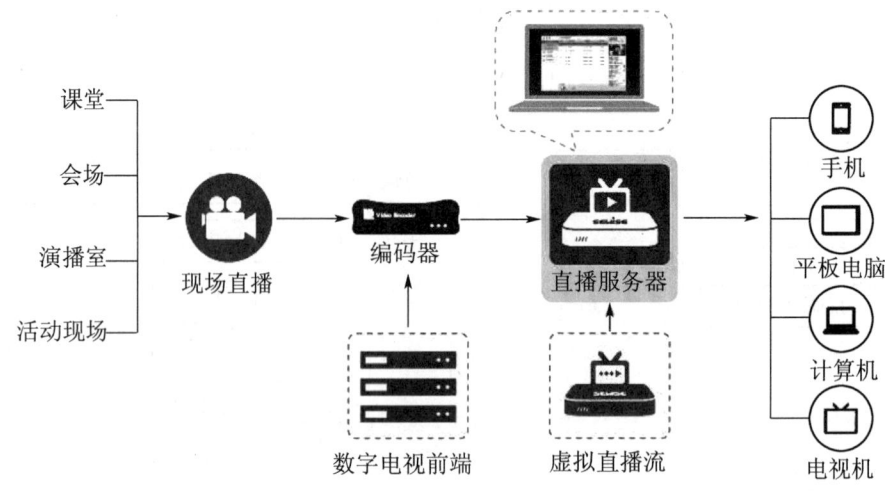

图 5-4 直播软件实现流程

第二节 应用场景

流媒体直播广泛应用于现场直播、网络电视直播服务中,可以实现多终端观看直播内容。

(1) 会议、活动的现场直播

摄像机或其他设备实时采集到的现场画面,通过编码器或编码软件推送到直播服务器分发,用户即可通过计算机、手机、平板电脑等多种终端实时观看现场直播内容。常用于年会、发布会、政企会议等的网络直播,如图 5-5 所示。

(2) 网络电视台

实现传统电视台的网络播出,支持多平台多终端的直播观看及时移回看,如图 5-6 所示。

图 5-5 会议的现场直播

图 5-6 网络电视台

(3) 远程监控

配合网络摄像头可实现远程视频监控,终端用户可以通过计算机、手机、平板电脑等多种终端实时观看远程画面,并可以把监控画面录制下来随时回看或分享。广泛应用于宝宝在线、家居安全、公共安防等领域,如图 5-7 所示。

图 5-7 交通流量监控

(4) 在线实时课堂

应用于远程课堂直播,让不在现场的人也能实时学习优质课程。支持时移,可以随时回看任意时间的课程,如图 5-8 所示。

图 5-8 远程教育画面

第三节 教学设备条件

(1) 硬件

直播服务器、编码器、计算机、平板电脑、智能手机、摄像机、电脑若干台。

(2) 软件

IE8/IE9、火狐、谷歌、Safari 浏览器中的任一种,直播服务器软件。

(3) 网络环境

局域网或广域网。

第四节　教学与要求

【实验准备】

本实验除了要准备硬件设备外,还需要准备直播所需的节目源。直播服务器软件支持多种类型的直播节目接入,如:

(1) 摄像机实时采集。
(2) 有线电视直播节目。
(3) 卫星电视直播节目。
(4) 虚拟直播节目(视频文件)。

实际教学中可以根据现场条件选择任意一种类型的直播节目。这里我们采用"摄像机实时采集"这种方式,如图 5-9 所示,摄像机的音/视频输出信号接入编码器设备,实时采集的音/视频经由编码器设备编码后输出直播流,然后接入直播服务器。

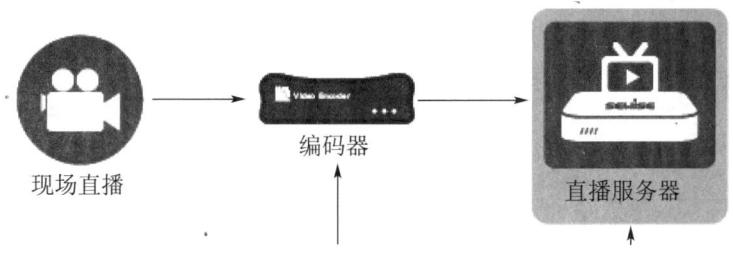

图 5-9　直播实验连接图

操作步骤:登录→添加输入源→组建直播节目→获取直播节目代码并在网页或客户端嵌入代码→终端用户观看,主要的操作流程如图 5-10 所示。

图 5-10　直播软件操作流程

实验教学一：添加输入源

1. 实验目标

掌握直播服务器添加与链接输入源的方法，掌握在编码器端配置输入源的方法。

2. 组织形式

由每个学生单独完成操作，也可以由 2～3 个学生一组进行讨论与交流，同时教师在实验过程中给予辅导与提示。

3. 实验课时

1 课时 + 课余时间。

4. 实验内容

以管理员身份登录直播服务器。

直播服务器需要先添加输入源，链接成功才可播放直播源，可在【输入源】选项页面进行输入源管理。

【输入源】页面的功能主要有：添加、编辑、删除输入源、链接/停止输入源，如图 5-11 所示。

图 5-11 【输入源】管理页面

在图 5-11 页面中点击〈添加输入源〉，弹出的添加输入源的页面如图 5-12 所示。

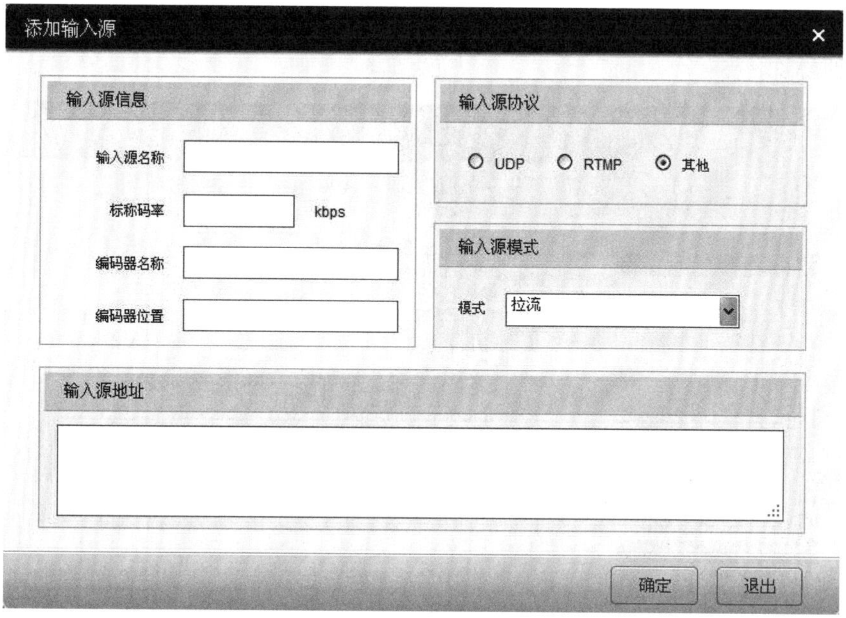

图 5-12　添加输入源页面

以下分别介绍不同形式输入源的添加操作。

（1）RTMP 推流输入源的添加

当添加 RTMP 推流时，源协议选择"RTMP"，源模式选择"推流"，软件会自动给出推流的目标 URL 地址，点击〈确定〉，如图 5-13 所示。

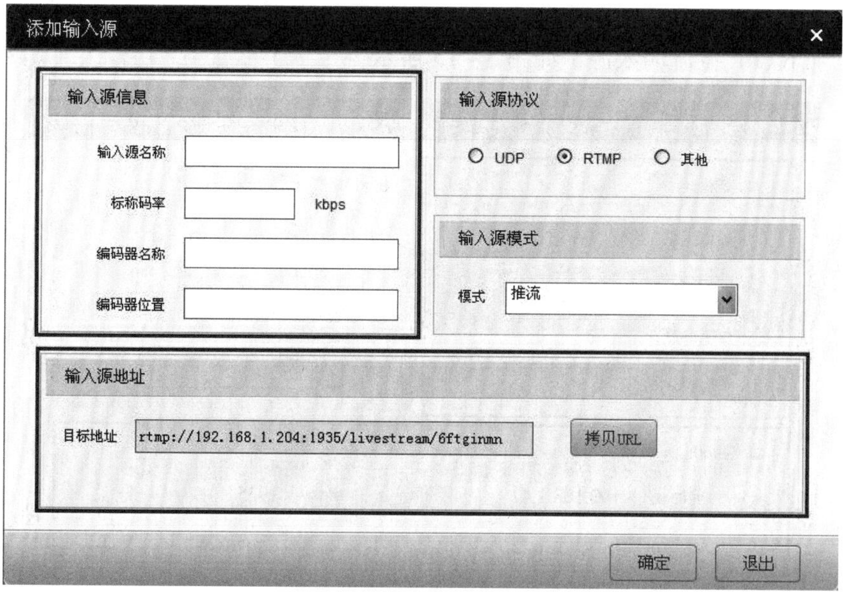

图 5-13　RTMP 推流配置页面

然后将系统生成的推流目标地址配置到编码器或编码软件相应选项中,如图5-14所示。

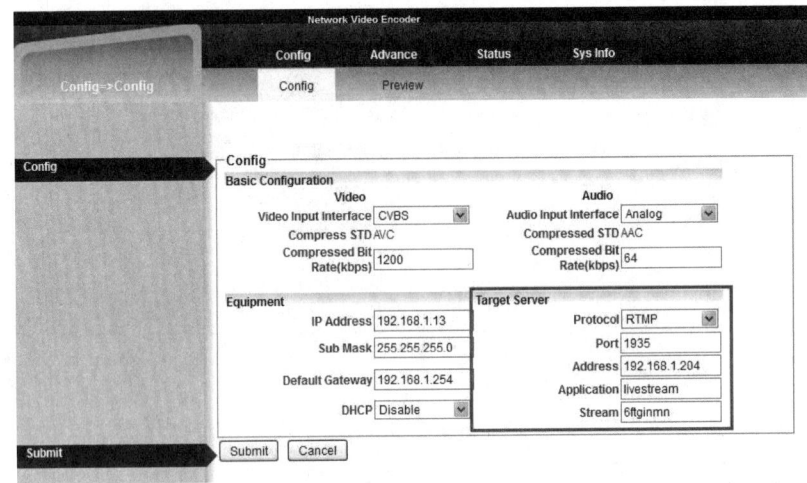

图5-14 编码器的配置页面(RTMP推流模式)

(2) RTMP拉流输入源的添加

当添加RTMP拉流时,需要知道RTMP源的编码器的IP地址、端口号、应用名与源ID。源协议选择"RTMP",源模式选择"拉流",例如存在RTMP源rtmp://192.168.1.47:1935/livestream/53070606(虚拟直播输出的RTMP流即为此格式),此时则把192.168.1.47填入IP地址的文本框,端口号填入1935,应用名填写livestream,源ID填写53070606,再填写输入源名称与码率,点击〈确定〉即可添加RTMP拉流输入源,如图5-15所示。

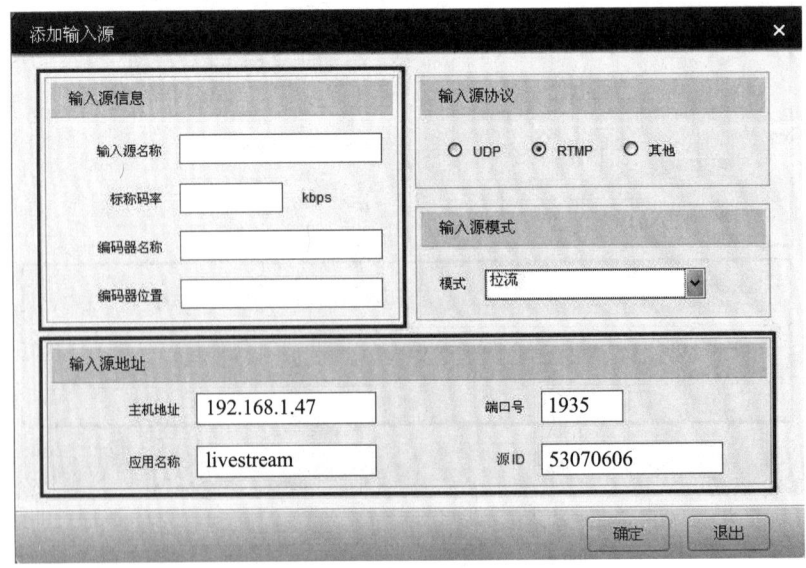

图5-15 RTMP拉流配置页面

(3) UDP 拉流输入源的添加

当想添加 UDP 的拉流时，只需知道 UDP 源的编码器的 IP 地址与端口号即可，IP 地址文本框填入 IP 地址，端口号的文本框填入端口号，例如存在 UDP 源的地址是 udp：//228.0.0.5：1234，此时则把 228.0.0.5 填入 IP 地址的文本框，端口号填入 1234，再填写输入源名称与码率，点击〈确定〉即可添加 UDP 拉流输入源，如图 5-16 所示。

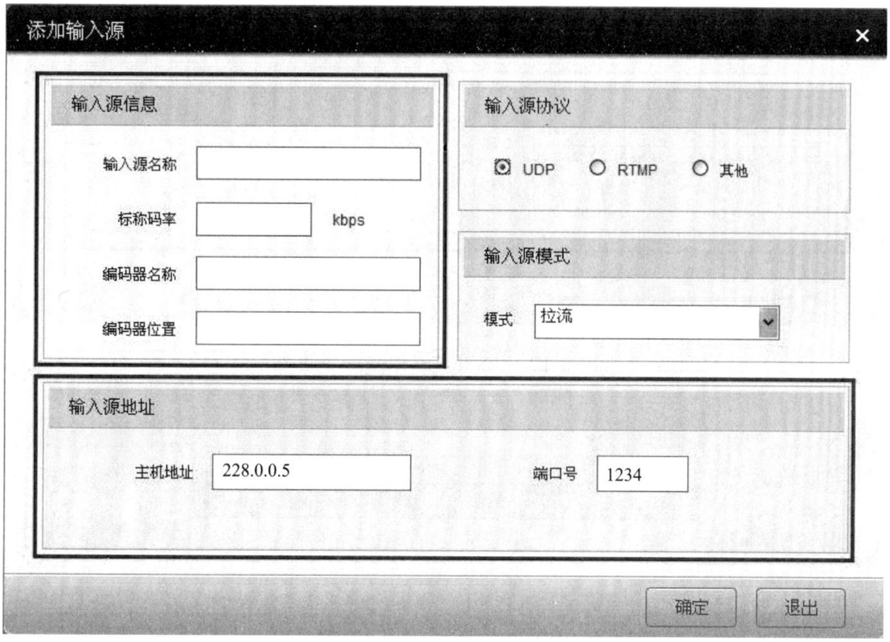

图 5-16 UDP 拉流配置页面

(4) 其他协议输入源的添加

直播服务器同时支持 HTTP TS、RTSP 等其他协议的输入源，只需知道源的 url 地址即可，例如存在 HTTP TS 源的地址是 http：//192.168.1.41：8090/800.ts，此时则把 http：//192.168.1.41：8090/800.ts 填入输入源地址的文本框，再填写输入源名称与码率，点击〈确定〉即可添加 HTTP TS 的拉流输入源，如图 5-17 所示。

RTSP、HTTP TS 协议的输入源的地址参考格式：

①rtsp：//server.example.org：8080/test.sdp。

②http：//ip：port。

以上是输入源的添加方法，添加成功后，即可在【输入源】页面查看到新添加的输入源，如图 5-18 所示。

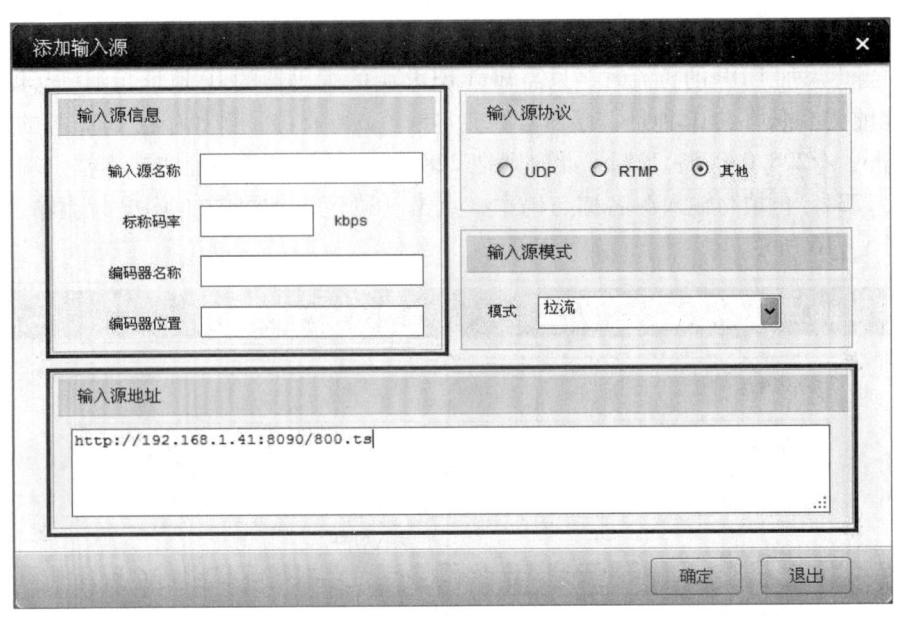

图 5-17 其他协议拉流配置页面

图 5-18 输入源页面

在【输入源】页面可查看到所有输入源的信息，左边树形导航栏可对输入源进行分类筛选（已链接、等待链接、已断开）；页面右侧显示了选中的输入源的详细信息，新添加的输入源都是断开状态，需要对其进行链接。

(1) 拉流输入源的链接

当添加拉流输入源完成后,在输入源页面中,选中待链接的输入源,这时页面底部的〈链接输入源〉按钮激活,点击此按钮。链接成功,输入源的状态变为"已链接"(绿色显示)。

(2) 推流输入源的链接

①选中待链接的 RTMP 推流输入源,点击〈链接输入源〉,输入源变为"等待链接"状态(黄色图标)。

②在编码器上设置相应信息。例如系统给出的 URL 为 rtmp://192.168.1.53:1935/livestream/54695317,rtmp 是 Flash 流媒体实时传输协议,其中 54695317 为流名称,livestream 为 Flash 流媒体服务的应用名。

③填写完毕后,编码器端开始推流。

④编码器端推流成功后,输入源的状态变为"已链接"(图标变为绿色),即表示推流成功。

拉流或推流链接成功后,右侧可预览该输入源的播放状况,点击链接成功的输入源的预览图片,可弹出该输入源的预览框,可预览到播放状况,如图 5-19 所示。同时在右侧显示该流的其他相关信息(如所属节目、名称、状态、编码器 IP、端口号、分辨率、码率、音/视频格式等)。

图 5-19 直播流的预览

实验教学二:组建直播节目

1. 实验目标

掌握直播服务器直播节目组建方法,时移输出与上传 EPG 的方法。

2. 组织形式

由每个学生单独完成操作，也可以由 2～3 个学生一组进行讨论与交流，同时教师在实验过程中给予辅导与提示。

3. 实验课时

2 课时 + 课余时间。

4. 实验内容

添加输入源并链接成功后，需要将输入源组建为直播节目，以下介绍直播节目的组建。

【节目列表】选项页面主要是对节目进行添加、编辑、删除操作，在此页面可为节目添加输入源，可发布或停止节目，可输出时移视频，可配置播放器，可获取节目的代码应用到客户自己的系统中；页面右侧有节目的预览播放器，可点击预览节目，页面如图 5-20 所示。

图 5-20 【节目列表】管理页面

（1）添加直播节目

①在【节目列表】页面底部点击〈添加节目〉，弹出添加节目的页面，如图 5-21 所示。

②在此页面填写节目名称与节目描述，系统会自动给出节目 ID。

③选择想为该节目添加的输入源，点击〈确定〉即可成功添加节目。

④如果需要节目时移的功能，请勾选是否时移的复选框，此时节目具有时移功能，不勾选，则不可时移。

组建节目后需发布后终端用户才能观看到节目，如果需要发布某个节目时，选择【未发布】子选项，点击图 5-22 页面底部的〈发布节目〉即可发布该节目；当该节目发布后，节目状态从"未发布"（红色显示）变为"已发布"（绿色显示），已发布节目页面如图 5-23 所示。

图 5-21　添加节目页面

图 5-22　未发布节目页面

图 5-23 已发布节目页面

当节目添加了输入源且输入源是"已链接"状态（绿色显示），即可在右侧预览到该节目的播放状况，该播放器可全屏显示预览；展开节目后可看见该节目的输入源名称、状态、码率等信息。

（2）时移输出

节目组建并发布后，还可以把某个开启时移功能的时移视频下载到本地或输出到点播、虚拟直播、剪切等服务器软件，点击图 5-23 页面的时移视频，弹出如图 5-24 所示的对话框，选择要输出的输入源、日期、时段，点击〈确定〉可预览该时段内的视频，确认截取的开始时间和结束时间并输入到下方的对应栏目，然后对截取的视频命名，选择输出的目标地址（服务器或本地），最后点击〈确定〉，即可输出该时段内的时移视频。

（3）接收服务器配置

点击〈系统管理〉→〈输出设置〉，输出设置页面显示接收服务器的信息，在此页面可配置接收服务器的信息，配置接收服务器成功后，可推送视频文件至相应的接收服务器，如图 5-25 所示。

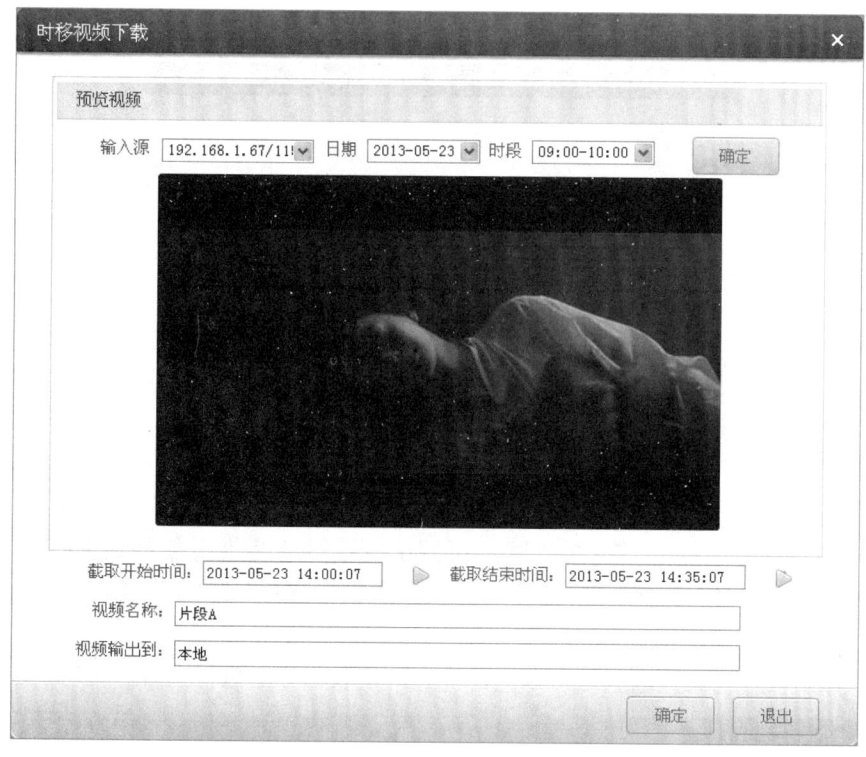

图 5-24　时移视频下载配置页面

图 5-25　接收服务器设置页面

点击图 5-25 中的〈添加〉按钮，弹出添加接收服务器的页面，如图 5-26

所示。

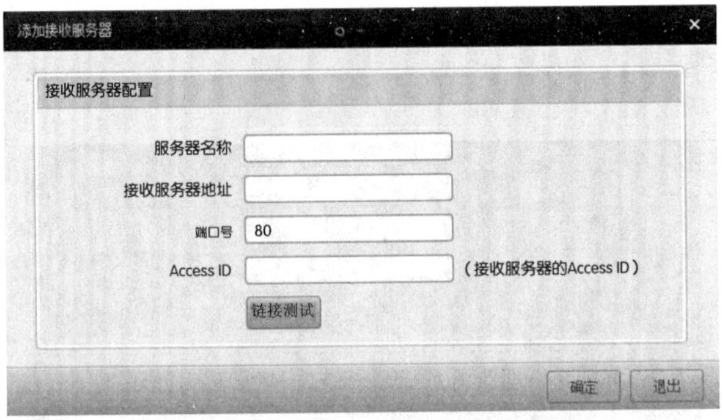

图 5-26 添加接收服务器页面

在显示的配置填写框中填写接收服务器的地址、端口号（端口号默认是 80）、Access ID 等信息，点击〈链接测试〉可测试所填写的接收服务器是否链接成功。测试成功后，点击〈确定〉按钮即成功添加接收服务器，添加完成后自动链接刚添加的服务器。

在输出设置列表页面，还可以对已配置的接收服务器执行查看、编辑、删除的操作。

（4）上传 EPG

如果需要上传节目的 EPG，可选择对应的节目，点击图 5-27 页面的〈上传 EPG〉按钮，即可选择本地的 EPG 文件上传到服务器。系统支持 EPG 的格式为 "*.xml"。

图 5-27 上传 EPG

EPG 上传成功后，可以点击预览节目，来预览该节目的 EPG，如图 5-28 所示。

图 5-28　预览节目（带 EPG）

实验教学三：获取直播节目 JS 代码

1. 实验目标

掌握获取直播节目 JS 代码的方法。

2. 组织形式

由每个学生单独完成操作，也可以由 2~3 个学生一组进行讨论与交流，同时教师在实验过程中给予辅导与提示。

3. 实验课时

1 课时 + 课余时间。

4. 实验内容

直播节目发布成功后，可通过获取代码的功能来获取当前节目的 JS 播放代码，该代码可嵌入用户的网页或客户端中使用，选中待获取代码的节目，在图 5-29 的页面点击〈获取代码〉，在弹出的对话框中可查看到当前节目的 JS 代码，点击〈拷贝〉可将代码复制到剪贴板上，如图 5-30 所示。

将剪贴板上的 JS 代码粘贴于一个页面中，然后使用计算机、平板、手机等不同的终端设备访问来查看多屏播放的效果。

说明：

①JS 代码应用到网页或其他程序中时，需在节目发布后方可播放。

②可以在 JS 代码中控制是否显示 EPG，默认是不显示的：epg = false，如果需要显示 EPG，只需要设置参数：epg = true。

③可以在 JS 代码中配置播放器在不同的节目状态的广告图片，对应参数分别

为：节目未开始：&nostarturl =（   ）；节目已结束：&overurl =（   ）；链接限制：&limiturl =（   ）。配置相应的图片 URL 地址即可。

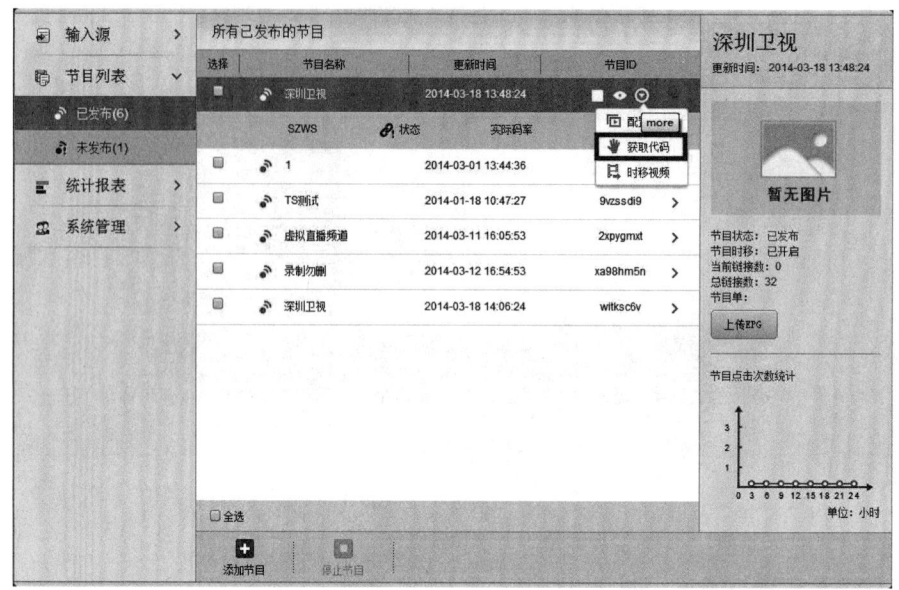

图 5-29　获取直播代码页面

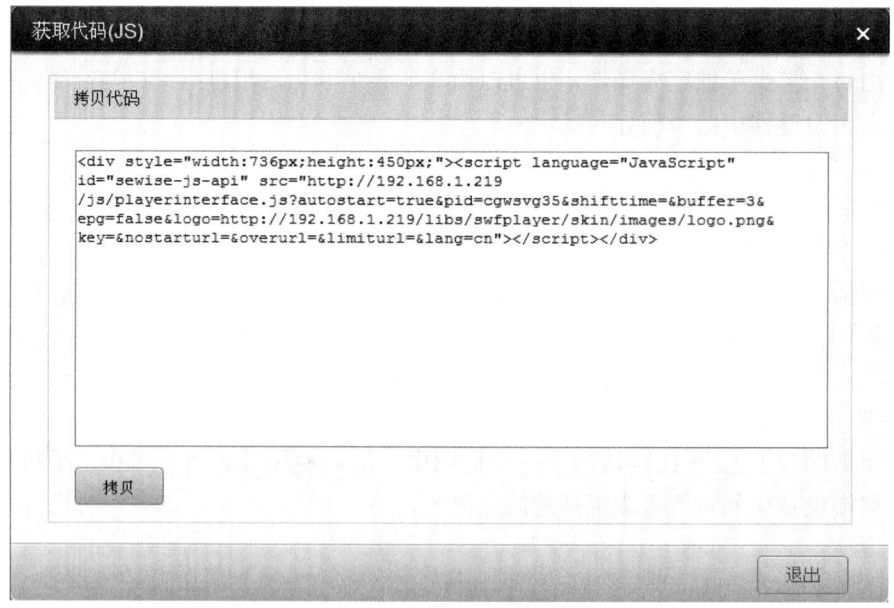

图 5-30　拷贝直播代码

实验教学四：分布式组网

1. 实验目标

掌握分布式组网的操作方法。

2. 组织形式

由每个学生单独完成操作，也可以由 2～3 个学生一组进行讨论与交流，同时教师在实验过程中给予辅导与提示。

3. 实验课时

1 课时 + 课余时间。

4. 实验内容

直播服务器软件支持分布式组网，任何一台独立直播服务器既可以作为节点注册到 Master 服务器，也可作为 Master 服务器来管理其他注册进来的节点。

分布式组网的操作主要通过【系统管理】选项下的【组网设置】和【节点管理】两个模块来完成，可以登录一台独立服务器（即未进行分布式组网的服务器），了解这两个模块的功能。

点击【系统管理】→【组网设置】，打开组网设置页面，如图 5-31 所示，在这个页面可以添加该服务器到 Master 服务器。在相关输入框填写相关信息即可，比如，Master 地址即登录管理服务器的 IP 地址，节点描述可自定义便于识别的信息，Access ID 即管理服务器的 Access ID（可登录 Master 服务器，在【系统管理】→【接口信息】页面获得）。

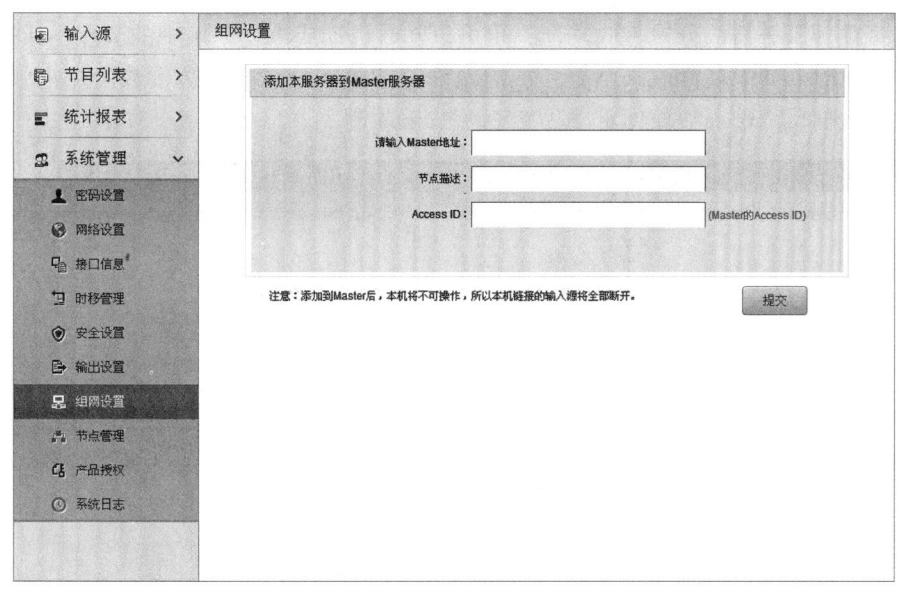

图 5-31 组网设置页面

点击【系统管理】→【节点管理】，打开节点管理页面，如图 5-32 所示，节点管理页面是用来管理节点的，对于一台未组网的独立服务器，节点服务器列表只有本机一个节点，只可查看节点服务器的 IP 地址、链接状态、当前链接数、允许链接数。可以修改允许链接数，但无法修改节点的功能及对节点进行其他的操作。

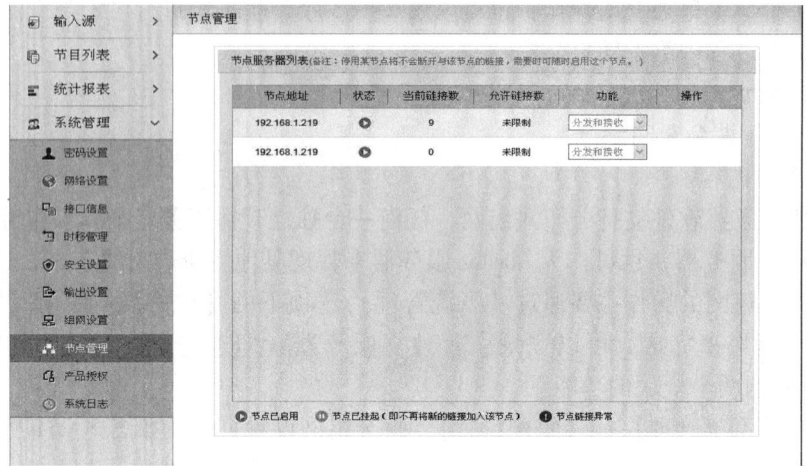

图 5-32 独立服务器的节点管理页面

对于一台 Master 服务器，其节点管理页面如图 5-33 所示，在这个页面内，可以查看节点服务器的 IP 地址、链接状态、当前链接数、允许链接数。可以修改允许链接数、服务器的分发接收功能，也可以随时启动或停止列表中的节点，或是从列表中删除。如果要修改某个服务器的允许链接数，只需要在链接数上点击鼠标，出现输入框后，输入数值即可（留空表示"未限制"）。

图 5-33 Master 服务器的节点管理页面

了解完分布式组网相关模块的功能后,接下来完成分布式组网。部署两台独立直播服务器,假设我们将两台服务器分别命名为 A 和 B,现在要把 B 作为节点注册到 A,即 A 作为 Master 服务器,B 作为节点服务器。

①登录要作为 Master 的服务器 A,在【系统管理】→【接口信息】页面获得 A 服务器的 Access ID,把它复制到剪贴板,如图 5-34 所示。

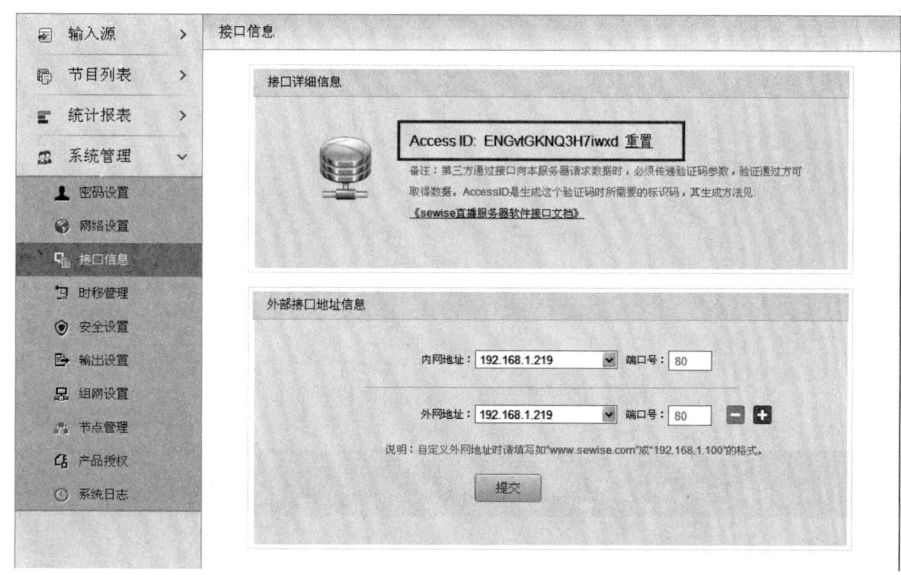

图 5-34　Master 服务器的接口信息

②登录要作为节点的服务器 B,在【系统管理】→【组网设置】页面输入 Master 服务器 A 的地址、本机描述、Access ID 信息,如图 5-35 所示,提交成功后,将出现本机成功添加到 Master 服务器的信息,如图 5-36 所示,有独立服务器注册为节点服务器后,在页面头部会出现"本服务器已被托管"的提示,节点服务器也不再有【节点管理】的模块。

③完成上一步,切换到服务器 A,在【系统管理】→【节点管理】页面的节点服务器列表就可以看到我们新添加的节点服务器 B 的信息了,同时在页面头部会出现 Master 服务器的图标,Master 服务器也不再有【组网设置】的模块。如图 5-37 所示,新注册进来的节点服务器默认是停用状态,用户可以配置节点的相关功能,配置完成,点击启用该节点服务器后,该服务器按预设的功能(默认为分发)加入分发或接收队列。

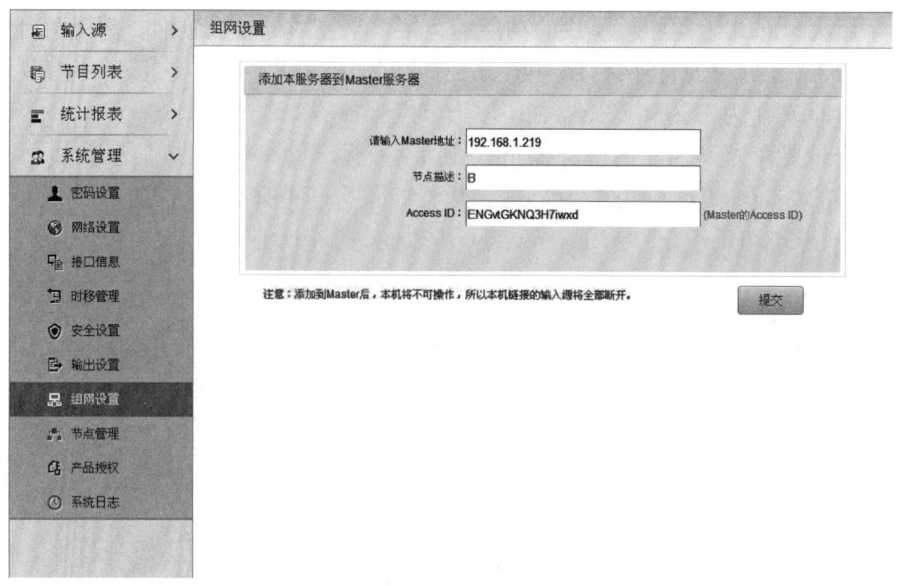

图 5-35　节点服务器的组网设置页面

图 5-36　独立服务器注册为节点服务器后的页面

图 5-37 Master 服务器的节点管理页面

至此，便完成了两台直播服务器（一台作为 Master，一台作为节点）简单的分布式组网的操作，如有更多的节点，重复以上操作即可。如需将一台节点服务器从 Master 服务器解除为独立服务器，在图 5-36 页面中点击〈断开〉按钮即可。

【作业】
1. 分小组动手搭建两套直播源，并将其信号在直播服务器上发布。
2. 利用三台直播服务器组建分布式直播网络。

思考题

1. 什么叫做"直播"？
2. 现有的直播服务都应用于哪些领域？
3. 为什么数字视频在传输过程中要经过压缩编码？
4. 说明视频数据在传输中的码率和带宽的关系。
5. 简述搭建晚会现场直播服务的步骤和过程。
6. 直播与点播的区别是什么？

第六章　流媒体点播系统实训

【核心提示】
1. 了解流媒体视频点播的相关理论知识。
2. 掌握流媒体点播系统的使用方法。

第一节　流媒体点播的基本知识

一、点播的概念

视频点播是20世纪90年代在国外发展起来的，英文名为"Video on Demand"，所以也称为"VOD"。顾名思义，就是根据观众的要求播放节目，把用户所点击或选择的视频内容，传输给所请求的用户。这种根据用户的需要播放相应的视频节目，从根本上改变了用户过去被动式看电视的不足。

VOD 技术不仅可以应用在电信的宽带网络中，同时也可以应用在局域网及有线电视的宽带网络中。如今在建设智能小区过程中，计算机网络布线已成为必不可少的一环，小区用户可以通过电脑、电视机（配机顶盒）等方式实现 VOD 视频点播应用，丰富了人们的文化生活；有线电视经过双向改造，也可以让广大的电视用户通过有线电视网点播视频节目。

点播服务器软件是提供音/视频文件流式播放的服务端分发软件。它支持多种音/视频格式文件上传，如 MP4、FLV、MOV、TS、WMV、AVI、RM、MKV、RMVB 等；配有基本转码功能；输出多画质（即多码率）视频文件；通过网络提供多平台多终端的流畅音/视频点播体验。流媒体点播服务器系统架构如图6-1所示。

二、相关概念

（1）视频格式

常见的视频格式有 MPEG/MPG/DAT、AVI、MOV、ASF、WMV、NAVI、3GP、REAL VIDEO、MKV、FLV、F4V、RMVB、WebM、MP4 等。

准确地说，AVI、ASF、FLV 是一种文件格式，我们可以在电脑上通过"文档管理器"看到这些文件。即使是同一种文件格式，如 AVI，又分为 MPEG-1、MPEG-2、MPEG-4 这几种视频格式；同一种视频格式，如 MPEG-4 又可以使用多种视频编码,例如:MP4V/XVID/DX50/DIVX/DIV5/3IVX/3IV2/RMP4。

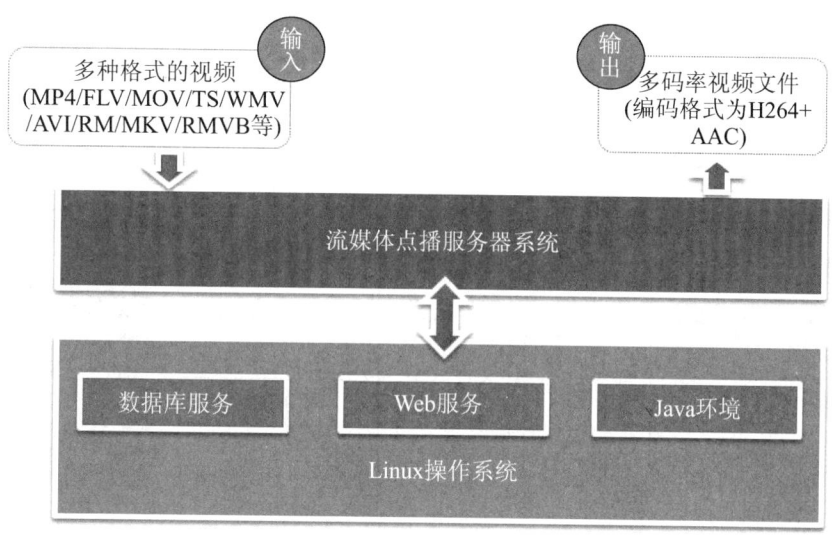

图 6-1 流媒体点播服务器系统架构图

(2) FLV

全媒体实训平台中的点播服务器软件系统默认的格式为 FLV。

FLV 是 Flash Video 的简称,FLV 流媒体格式是随着 Flash MX 的推出发展而来的视频格式。由于它形成的文件极小、加载速度极快,使得网络观看视频文件成为可能,它的出现有效地解决了视频文件导入 Flash 后,使导出的 SWF 文件体积庞大,不能在网络上很好地使用等缺点。

三、全媒体实训平台点播软件功能结构

点播系统由管理员登录点播服务器进行相应操作,其软件功能结构如图 6-2 所示。

四、实现流程

点播的实现流程如图 6-3 所示,视频文件上传至点播服务器,点播服务器对视频文件进行管理与处理后,通过网络分发点播视频用于计算机、智能手机、平板电脑、Android 等终端设备的播放。

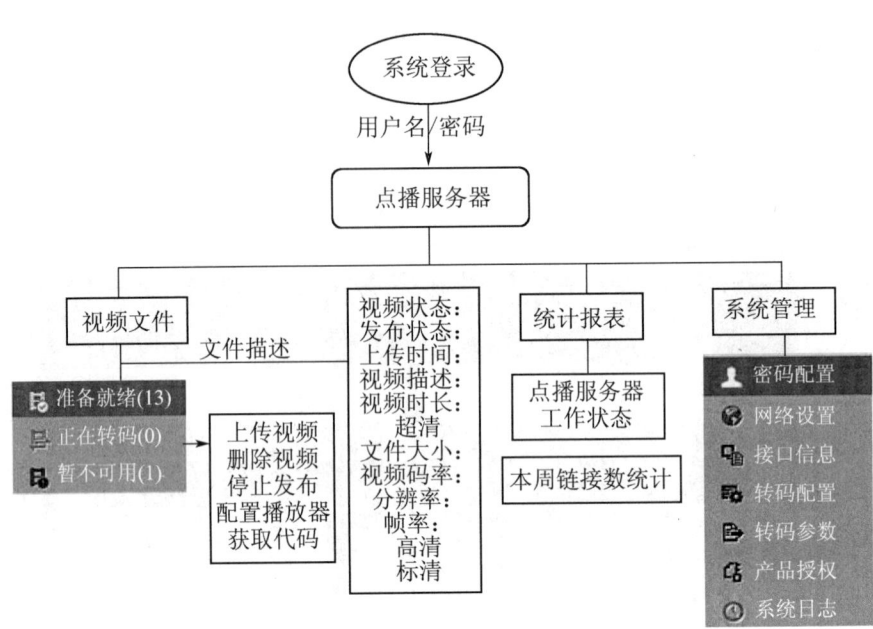

图 6-2 点播服务器的功能结构

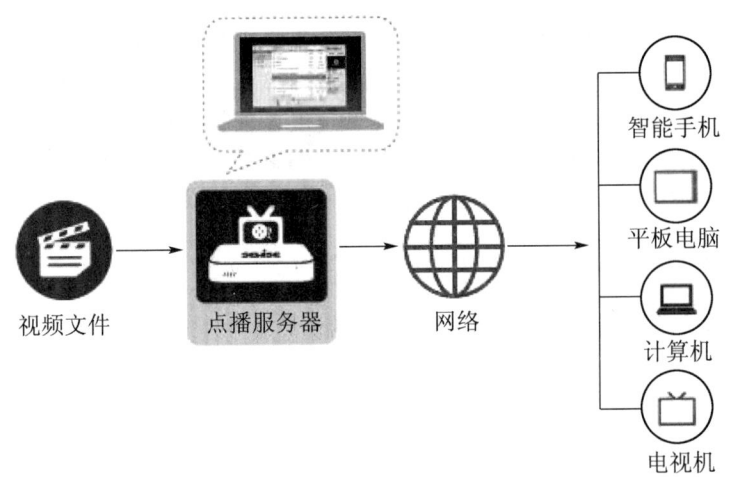

图 6-3 点播的实现流程

第二节　应用场景

（1）视频门户网站

政府、企业、学校、宗教机构等利用其海量视频资源创建视频门户网站，实现多平台多终端点播，进行形象宣传、产品介绍、电子商务、操作培训等。

（2）网络电视台

可用于搭建企业、校园、地方台等媒体的网络电视台，实现视频节目的多平台、多终端观看。

（3）远程教育

让学员在任何地方、任何时间都可通过互联网在线点播课程学习。

（4）OTT

应用于酒店、医院等行业OTT系统建设。

（5）科研领域

应用于农业、养殖业、科学实验等跨区域场景研究。

第三节　教学设备条件

（1）硬件

点播服务器，计算机，平板电脑，智能手机，电脑若干台。

（2）软件

IE8/IE9、火狐、谷歌、Safari浏览器中的任一种，点播服务器软件。

（3）网络环境

局域网或广域网。

第四节　教学与要求

【实验准备】

素材：高清晰度的视频资源。

操作步骤：登录→设置转码服务器与转码参数→上传视频文件→视频文件自动转码并发布→配置播放器→获取代码并在网页或客户端嵌入代码→终端用户观看，主要的操作流程概述如图6-4所示。

图6-4 点播的操作流程

实验教学一：设置转码服务器与转码参数

1. 实验目标

掌握点播服务器的外部服务器与转码参数设置。

2. 组织形式

由每个学生单独完成操作，也可以由2～3个学生一组进行讨论与交流，同时教师在实验过程中给予辅导与提示。

3. 实验课时

1课时+课余时间。

4. 实验内容

上传点播文件时需要先设置转码服务器与转码参数。登录点播服务器后，可进入【系统管理】→【转码配置】配置外部转码服务器，在【系统管理】→【转码参数】页面设置点播多码率转码的参数。

点播系统自身带有转码功能，自身的转码功能受系统资源的限制，可能转码慢、等待时间长等，如果同时购买了转码服务器，可在【系统管理】→【转码配置】页面配置转码服务器的相关信息，如图6-5所示。

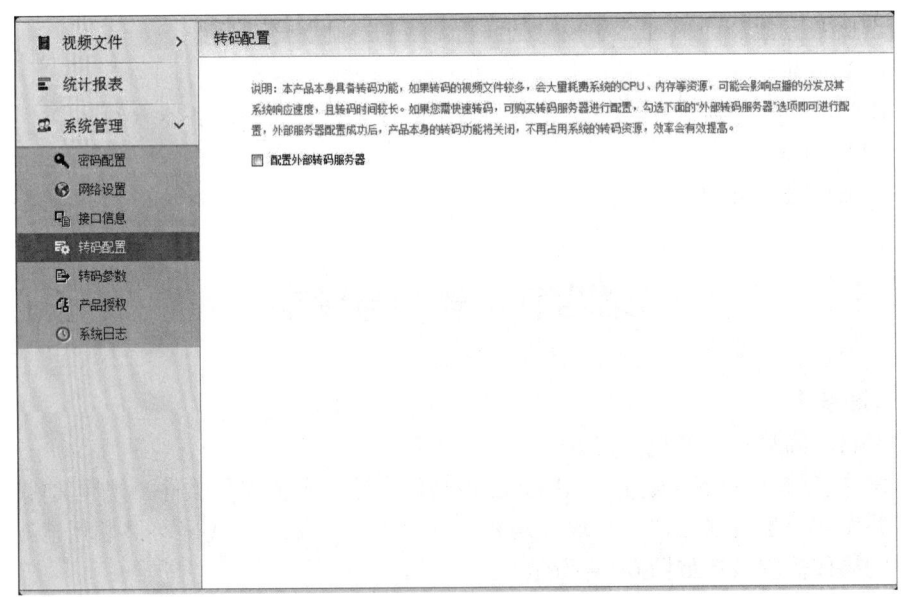

图6-5 转码配置页面

勾选〈配置外部转码服务器〉的复选框,在显示的配置填写框中,如图6-6所示,填写转码服务器的地址、端口号(端口号默认是80)、Access ID 等信息,点击〈链接测试〉可测试所填写的转码服务器是否成功链接,测试成功后,点击〈提交〉按钮即可。当转码服务器链接成功后,显示信息如图6-7所示。

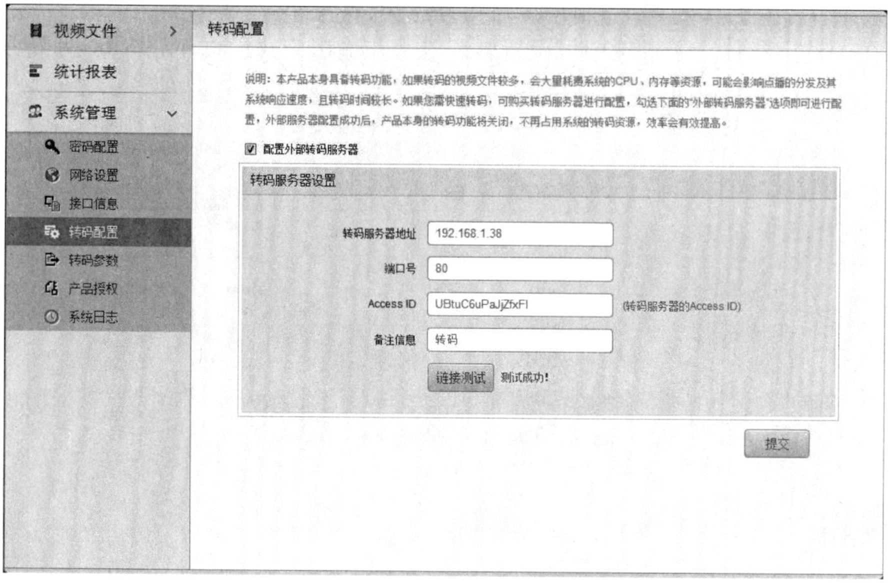

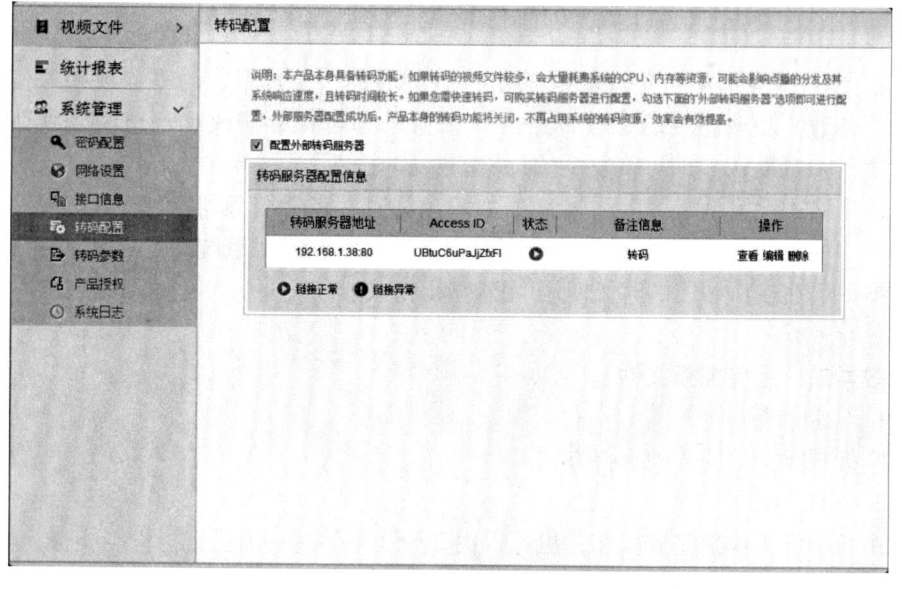

图6-6 外部转码服务器配置信息

图6-7 外部转码服务器链接成功后页面

可在图6-7中的页面点击〈查看〉转入转码服务器的登录页面，登录转码服务器查看转码的运行情况。也可点击〈编辑〉按钮修改转码服务器的配置信息，如果需要删除转码服务器，则点击〈删除〉按钮，弹出提示后按〈确认〉即可；如果想取消外部转码服务器，可取消勾选〈配置外部转码服务器〉的复选框，取消后点播服务器将用系统本身的转码功能转码视频文件。

在〈输出参数〉子选项中可设置转码参数与输出格式，页面如图6-8所示。

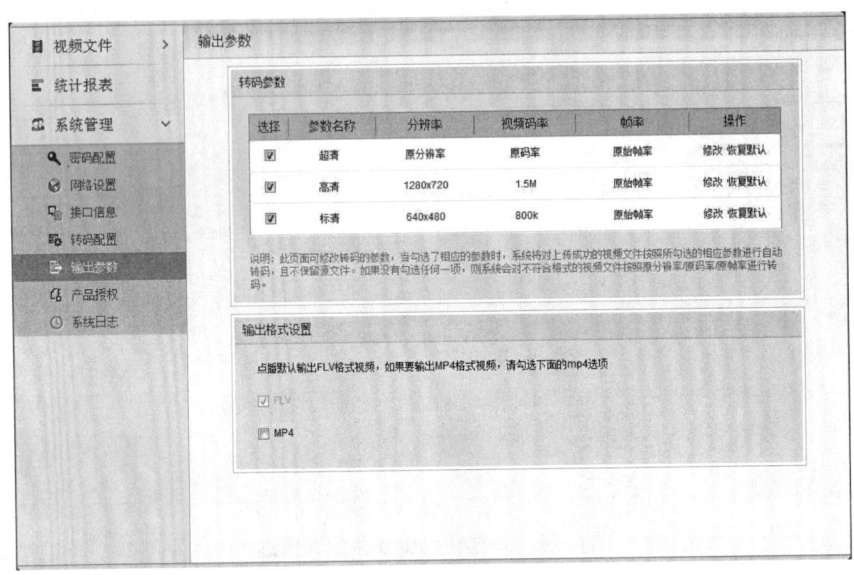

图6-8 输出参数页面

在图6-8页面中可更改转码输出参数的名称、分辨率、码率、帧率等信息，点击〈修改〉更改相应的参数，点击〈确认〉即可保存修改。若想恢复默认值，则点击〈恢复默认〉即可恢复系统设置的默认值。

输出格式设置是指可以选择MP4的输出格式，点播服务器默认输出FLV的视频格式，如需要输出MP4的视频格式，可勾选"MP4"，系统将会存储一份MP4的数据，可在接口调用的时候使用MP4输出格式。

实验教学二：上传视频文件

1. 实验目标

掌握视频文件的2种上传方式。

2. 组织形式

由每个学生单独完成操作，也可以由2～3个学生一组进行讨论与交流，同时教师在实验过程中给予辅导与提示。

3. 实验课时

1 课时 + 课余时间。

4. 实验内容

点播服务器支持多种视频格式的文件上传，支持 2 种上传方式：不大于 2G 的视频文件可采用普通上传，大文件可采用大文件上传方式。

（1）普通上传

进入〈视频文件〉→〈准备就绪〉，如图 6－9 所示，点击页面底部的〈上传视频〉按钮，在弹出的框中选择【普通上传】，普通上传页面如图 6－10 所示。

图 6－9　视频文件页面

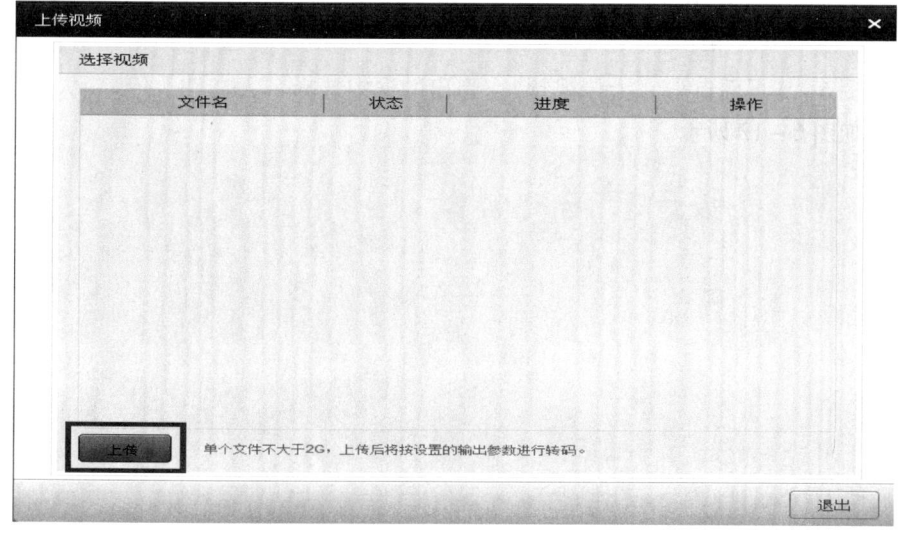

图 6－10　普通上传视频页面

点击图 6-10 中的〈上传〉按钮，浏览本地的文件，选择想要上传的视频文件（可单选或多选，但一次最多只能选择 8 个文件，最大只能上传 2G）。

确定选择上传的文件后，在上传面板中便会出现上传文件的状态与进度，上传成功后的视频会消失在队列中，正在上传的会显示上传进度，等待上传的文件状态为"队列中"。"上传中"与"队列中"的视频可通过点击〈取消〉来终止上传，如图 6-11 所示。

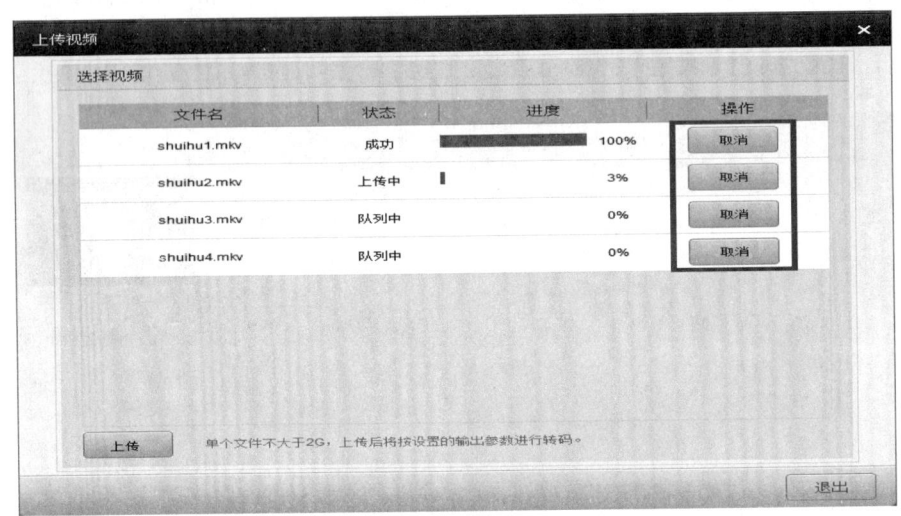

图 6-11　上传视频队列

视频上传成功后，如需继续上传视频文件，可再次点击〈上传〉，不需要则可点击〈退出〉回到图 6-9 页面。如有视频文件正上传时，点击〈退出〉则会终止"上传中"与"队列中"的视频上传。

（2）大文件上传

在图 6-9 页面点击〈上传视频〉，弹出的框中选择〈大文件上传〉，大文件上传页面如图 6-12 所示。

图 6-12 大文件视频上传页面

点击图 6-12 中的〈上传〉按钮,浏览本地的文件,选择待上传的视频文件,也可拖动文件到此上传面板上(单选、多选都可),此时上传的面板中会出现当前上传文件的状态与进度,上传中的视频可以点击〈取消〉来终止上传,如图 6-13 所示。

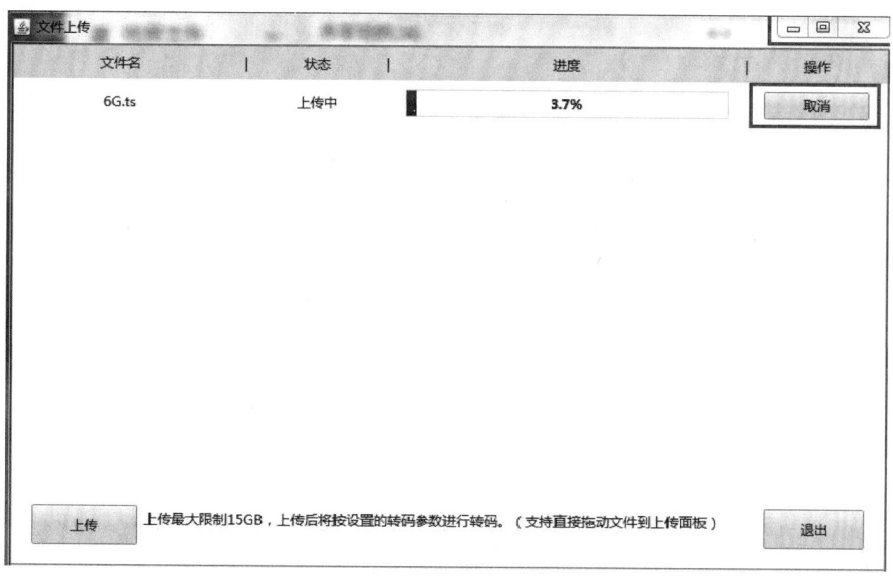

图 6-13 大文件视频上传队列

大文件上传属于客户端上传，可以点击右上角的 3 个按钮来进行最小化、最大化、关闭操作。可最小化此界面以进行其他操作，无须等待文件上传结束后再进行其他操作。

说明：

①大文件上传需要电脑安装了 Java 环境，如果电脑未安装 Java 控件，系统会自动下载此控件到您的电脑，并提示您安装。安装后即可使用 Java 上传，同时您也可以自行安装 Java 控件。

②大文件上传时，系统会自动下载 Java 控件（后缀为 jnlp 的文件），请直接打开该文件，不要另存为或使用下载工具下载保存，打开后允许运行安装，安装完成后即可使用。

③如果上传时出现"应用程序被安全阻止"的提示，请暂时关闭防火墙或设置 Java 的安全级别为最低。

如图 6-14 所示，视频上传成功后，系统会根据设置的输出参数对视频文件进行转码（没有设置转码参数则按原分辨率/原码率/原帧率进行转码），视频文件此时的状态为正在转码，在【正在转码】页面中选中某个文件，在页面的右下角可查看该文件的转码进度。

图 6-14　正在转码页面

在【准备就绪】页面可查看到转码成功的视频文件。右边的信息栏可查看到视频文件的详细信息（音/视频编码格式、时长、分辨率、码率、截图等）及其当前视频的点击率。

转码失败的视频文件可在【暂不可用】页面查看失败原因及其重新转码。

当视频文件变为准备就绪状态时，系统将会自动发布此视频文件，并且变为发布状态，而暂不可用与正在转码的视频文件则是未发布状态。

如果视频文件过多，可以在搜索框中输入关键字来查找相关的视频文件。

上传所支持的格式说明：

①普通上传支持的格式：

AVI、WMV、RM、RMVB、MOV、MKV、FLV、MP4、F4V、3GP、TS。

②大文件上传支持的格式：

ASF、AVI、WM、WMP、WMV、RAM、RM、RMVB、RP、RPM、RT、SMI、SMIL、DAT、MLV、M2P、M2T、M2TS、M2V、MP2V、MPE、MPEG、MPG、MPV2、PSS、PVA、TP、TPR、TS、MTS、M4B、M4P、M4V、MP4、MPEG4、3G2、3GP、3GP2、3GPP、MOV、QT、FLV、F4V、HLV、SWF、IFO、VOB、DIVX、MKV。

实验教学三：配置节目播放器并获取代码

1. 实验目标

掌握点播节目的播放器配置与获取节目代码的方法。

2. 组织形式

由每个学生单独完成操作，也可以由 2～3 个学生一组进行讨论与交流，同时教师在实验过程中给予辅导与提示。

3. 实验课时

1 课时 + 课余时间。

4. 实验内容

上传的视频文件在准备就绪后将自动发布，已发布的视频可以进行播放器的配置和获取节目的 JS 代码。

（1）配置播放器

进入【视频文件】→【准备就绪】页面，查看已准备就绪的视频文件列表，如图 6 – 15 所示，点击〈配置播放器〉按钮。

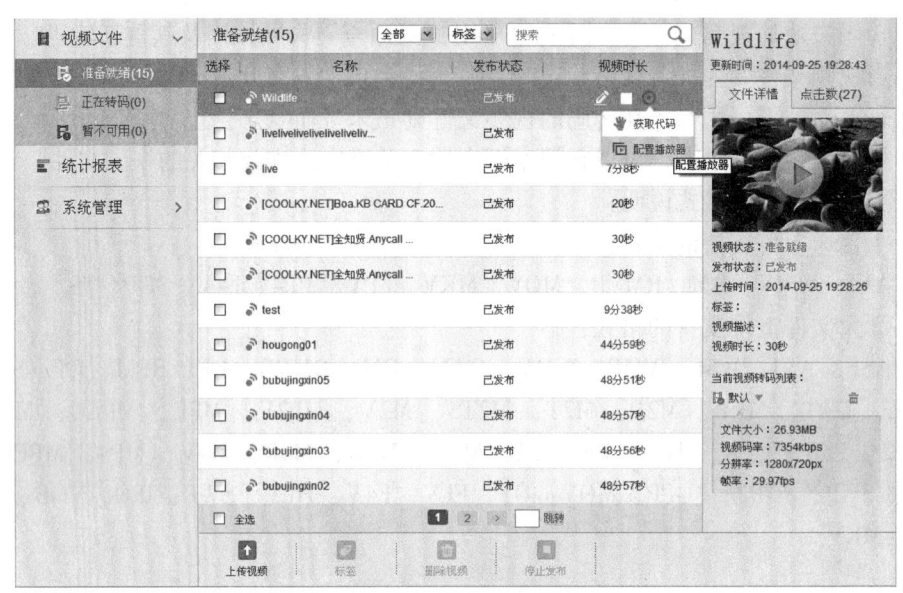

图6-15 点击配置播放器页面

在弹出的对话框中配置选择播放器皮肤,点击〈确定〉即可完成播放器皮肤的配置,如图6-16所示。

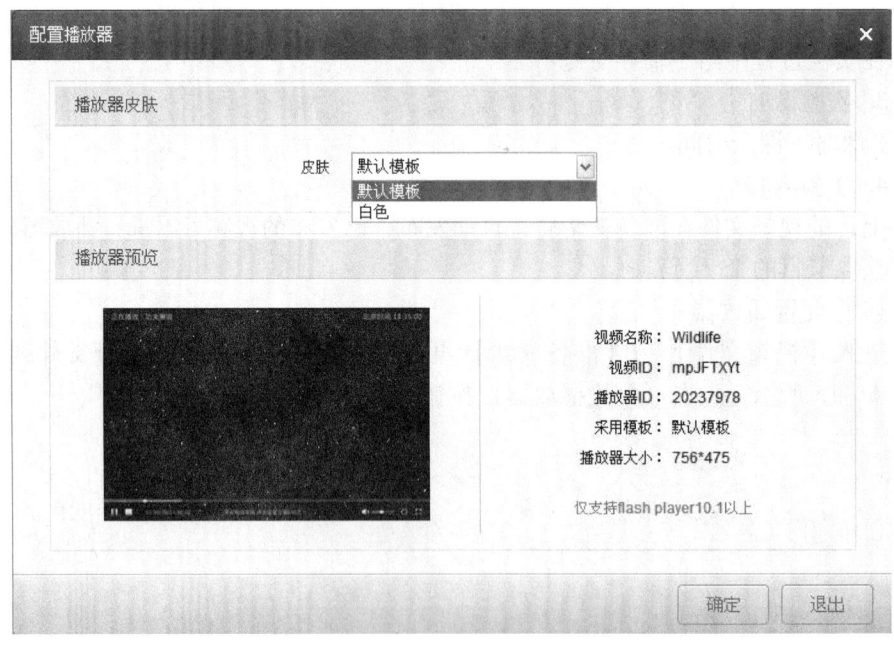

图6-16 配置播放器对话框

（2）获取 JS 代码

点播节目自动发布后，可通过获取代码的功能来获取当前节目的 JS 播放代码，该代码可嵌入用户的网页或客户端中使用。在图 6-15 页面中点击〈获取代码〉，在弹出的对话框中可查看到当前节目的 JS 代码，点击〈拷贝〉可将代码复制到剪贴板上，如图 6-17 所示。

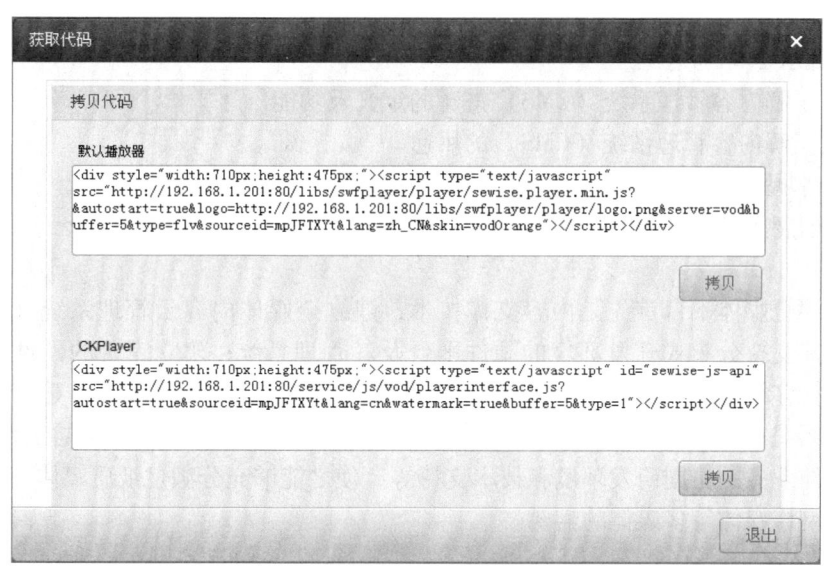

图 6-17 获取视频文件播放代码页面

将剪贴板上的 JS 代码粘贴于一个页面代码中，然后使用计算机、平板电脑、智能手机等不同的终端设备访问来查看多屏播放的效果。

【作业】
1. 创建 2 个视频文件，并上传到点播服务器上。
2. 建立点播服务器与转码服务器的关联。
3. 设置三个转码参数，并选中。

思考题

1. 什么叫做"点播"？
2. "点播"可应用于哪些领域？
3. 观察对比所创建节目三个码率的清晰度情况。
4. 简述都有哪些常见的视频文件格式和视频压缩编码格式，为什么这些视频文件要经过转码后才能发布？
5. 用于点播的视频文件是否可以变成直播流让终端进行播放？

第七章　全媒体内容管理系统（CMS）

【核心提示】
1. 了解内容管理系统（CMS）搭建的定义及功能。
2. 了解内容管理系统（CMS）的用途。
3. 掌握内容管理系统（CMS）的使用流程。
4. 能熟练搭建一套内容管理系统（CMS）。

构建全媒体平台首先是内容支撑技术，建立全媒体内容云管理系统（CMS），包括搭建支持分布式开发环境的硬件平台及其管理系统；建立完善的硬件支撑平台，支持多级的、ODC（Offshore Development Center）镜像服务器；搭建工具库及其管理系统；建立协同开发平台，包括项目协同管理、协同工具、协同工作环境，提供面向业务的协同研发环境和技术支持等，使之能够充分满足纸质媒体、电子媒体以及网络媒体等多媒体的需要。

第一节　内容管理系统（CMS）的基本知识

一、CMS 的概念

CMS 是 Content Management System 的缩写，意为"内容管理系统"，是指全媒体内容管理展示系统。其结合直播、点播服务器软件，可实现多平台多终端的视频直播、时移回看、点播服务。它实现了文字、图片、音/视频等内容的管理，方便用户快速搭建全媒体门户网站。

CMS 系统结构如图 7-1 所示。

二、CMS 功能介绍

CMS 无缝对接直播和点播服务器，轻松实现音/视频、文字、图片等内容的管理。分类支持直播、点播、文章和下载这四种文档模型，可添加相应类型的节目；系统支持自定义前台首页 logo、导航栏及幻灯片；系统还可对前后台用户进行管理，支持多用户同时登录，记录用户行为。前台页面可完美展示音/视频、文字和图片内容，同时能在多终端多平台观看节目内容。

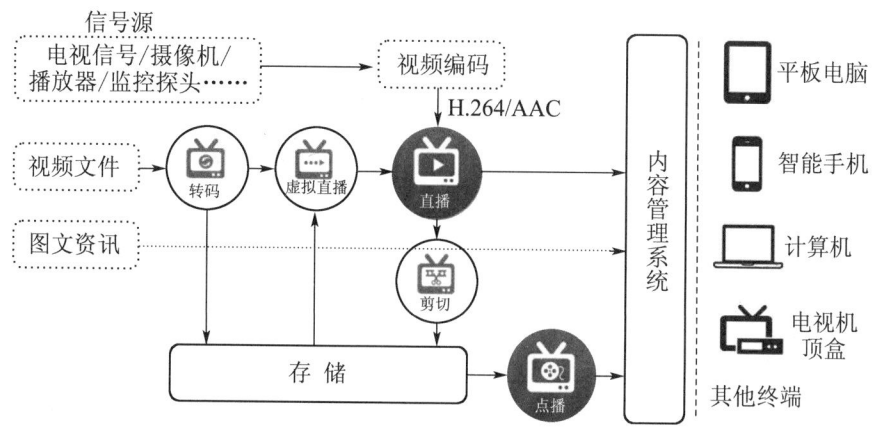

图 7-1　CMS 系统结构图

CMS 功能设置结构如图 7-2 所示，分"首页""内容""用户""系统""扩展"五个模块，每个模块里面又有几个选项和子选项。例如，"用户"模块里分"用户管理"和"行为管理"两个选项；"用户管理"选项里又分"后台用户""权限管理""注册用户"三个子选项。

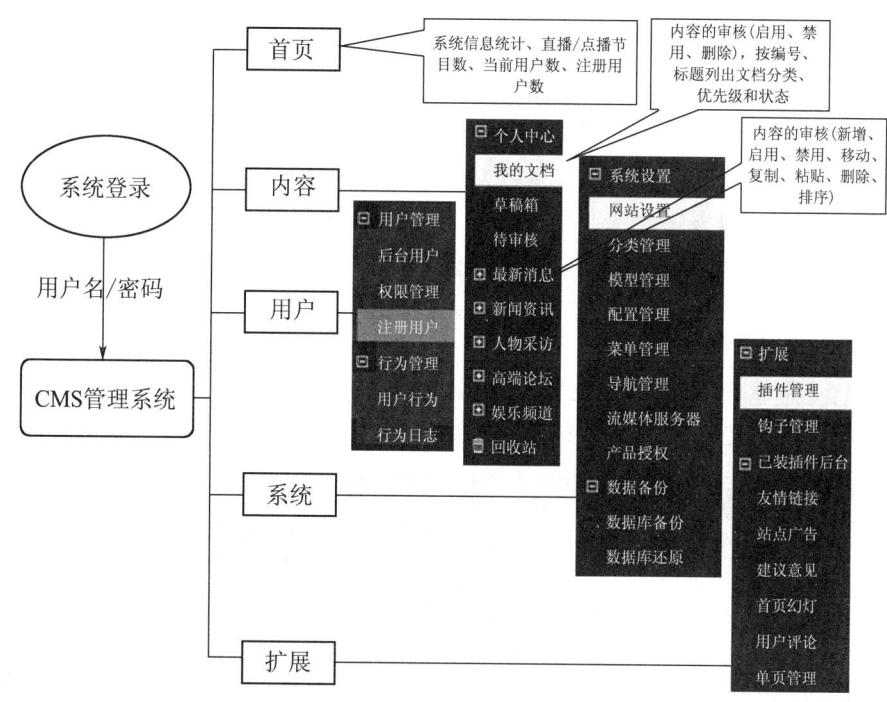

图 7-2　CMS 系统的功能结构

三、CMS 实现流程

在 CMS 内容管理系统中，配置直播和点播服务器，在自定义的分类中相应地添加直播、点播和图文类型的节目，在添加导航和幻灯片后，即可通过各终端、各平台访问前台页面，看到所添加的各种类型节目。实现流程如图 7-3 所示。

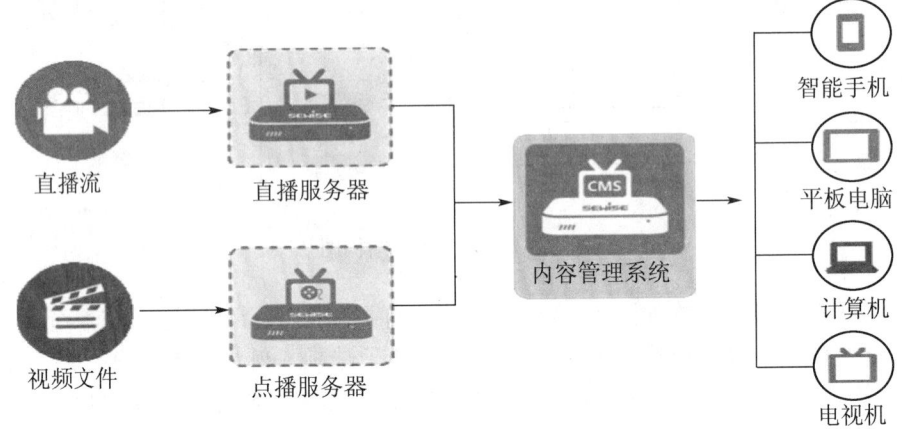

图 7-3　CMS 实现流程

第二节　应用场景

（1）网络电视台

广电行业使用内容管理系统能快速建立网络电视台，充分利用现有的优秀视频资源，更好地服务用户。

（2）视频门户

政府、企业、学校、宗教机构等使用内容管理系统建立视频网站，作为展示、推广、培训、宣传、教学等的窗口，如图 7-4 所示。

图 7-4　CMS 系统的应用场景

第三节 教学设备条件

（1）硬件

服务器，计算机，平板电脑，智能手机，摄像机、电脑若干台。

（2）软件

IE8/IE9、Chrome、Safari 或 Firefox 浏览器中的任意一种，直播服务器软件，点播服务器软件，内容管理系统。

（3）网络环境

局域网或广域网。

第四节 教学与要求

【实验准备】

素材：视频、图片、文字、可供下载的资源。

操作步骤：配置直播和点播服务器→自定义分类和子分类→添加直播、点播、图文和下载类型的节目→配置导航标题和首页幻灯片→终端用户观看。主要的操作流程概述如图 7-5 所示。

图 7-5　CMS 系统的操作步骤

实验教学一：影视内容管理系统搭建

1. 实验目标

能熟练搭建一套内容管理系统。

2. 组织形式

由每个学生单独完成操作，也可以由 2～3 个学生一组进行讨论与交流，同时教师在实验过程中给予辅导与提示。

3. 实验课时

4 课时 + 课余时间。

4. 实验内容

（1）配置直播和点播服务器

分别登录进入直播和点播服务器，在各自的【系统管理】→【接口信息】页面，获取直播和点播服务器的 Access ID，如图 7-6 所示。

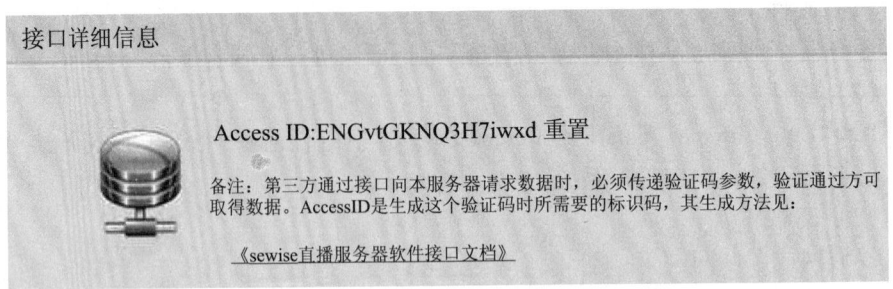

图 7-6　直播/点播服务器的接口信息页面

登录内容管理系统后台，进入【系统】→【系统设置】→【流媒体服务器】页面，点击〈新增〉按钮，弹出的页面如图 7-7 所示。选择服务器类型为"直播服务器"或"点播服务器"，分别填入直播服务器或点播服务器的"服务器名称""服务器地址""服务器 web 访问端口""服务器 Java 访问端口"和"服务器 Access ID"，链接测试成功后点击〈确定〉按钮，即可成功配置直播服务器和点播服务器。新增流媒体后的页面如图 7-8 所示。

图 7-7　新增流媒体配置页面

流媒体服务器

编号	服务器名称	服务器类型	服务器地址	服务器AccessID	操作
2	点播201	点播服务器	192.168.1.201:80	FHCssgSfWvN8eWX7	修改 删除 链接测试
1	直播1.66	直播服务器	192.168.1.66:80	67fz6jHJnjBaGNfZ	修改 删除 链接测试

图 7-8 新增流媒体后的页面

综上所述，设置步骤如图 7-9 所示。

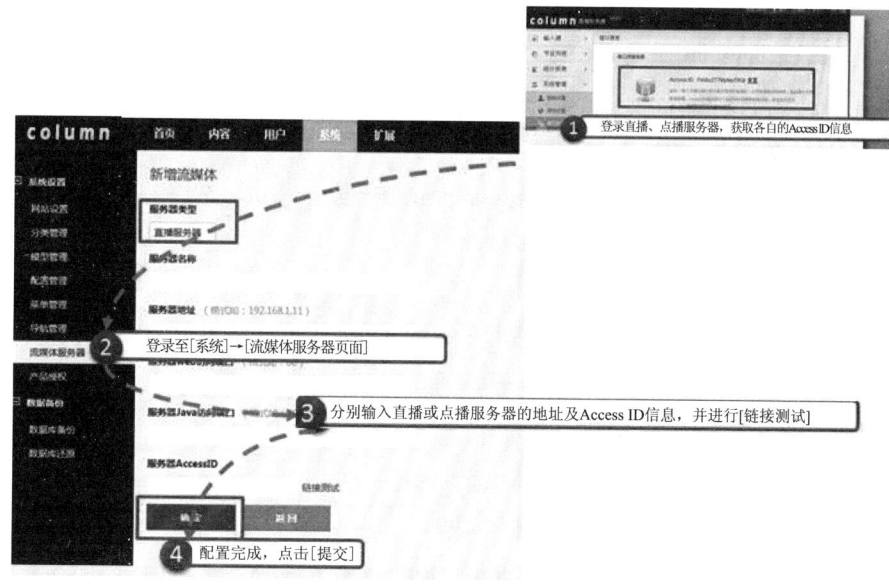

图 7-9 配置直播/点播服务器的操作步骤图

（2）自定义分类和子分类

添加父分类：进入【系统】→【系统设置】→【分类管理】页面，点击〈新增〉按钮，在此页面填入"分类名称"等相关信息，并绑定其文档模型为"点播"，点击〈确定〉按钮，即可成功添加一个父分类。此处以添加"电视剧"分类为例，其他分类的添加相同，如图 7-10 所示。

依上所述步骤，分别添加"直播""电影""资讯"和"下载"分类，添加完成后会在分类管理列表列出，如图 7-11 所示。

图7-10 新增"父分类"页面

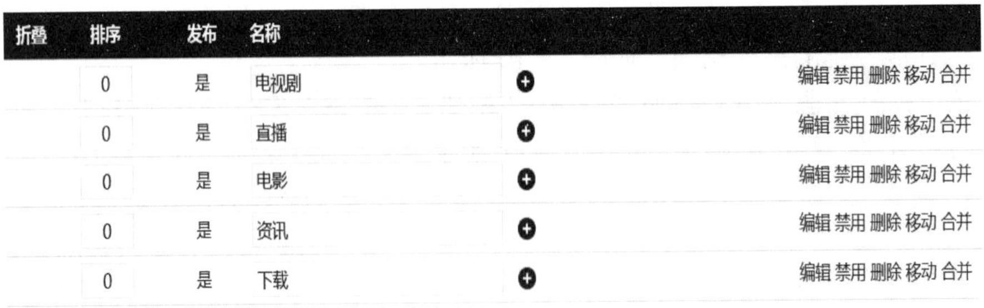

折叠	排序	发布	名称		
	0	是	电视剧	⊕	编辑 禁用 删除 移动 合并
	0	是	直播	⊕	编辑 禁用 删除 移动 合并
	0	是	电影	⊕	编辑 禁用 删除 移动 合并
	0	是	资讯	⊕	编辑 禁用 删除 移动 合并
	0	是	下载	⊕	编辑 禁用 删除 移动 合并

图7-11 父分类列表页面

添加子分类：进入【系统】→【系统设置】→【分类管理】页面，点击父分类后的"＋"图标，在此页面填入"分类名称"等相关信息，并绑定文档模型为"点播"，点击〈确定〉按钮，即可成功添加一个子分类。此处以添加"电视剧"分类下的子分类为例，其他子分类的添加相同，如图7-12所示。

图7-12 新增"子分类"页面

依上所述步骤，分别添加"直播""电影""资讯"和"下载"分类下的子分类，添加完成后会在分类管理列表列出。如图7-13所示，添加成功后的子分类有"生活剧""深圳卫视""爱情片""娱乐资讯"和"微电影"。

图7-13 子分类列表页面

综上所述,添加分类和子分类的步骤如图7-14所示。

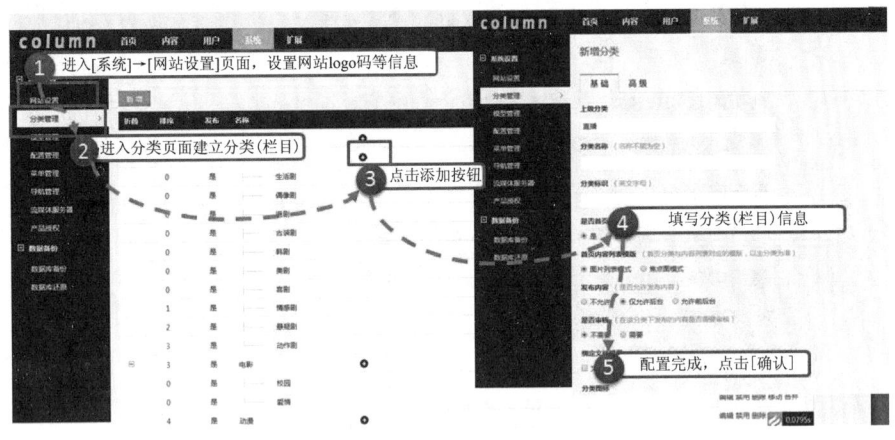

图7-14 添加分类和子分类的步骤图

(3)添加直播、点播、图文和下载类型的节目

①添加点播类型的节目:此处以添加电视剧节目为例。进入【内容】→【电视剧】页面,点击〈新增〉按钮,进入新增电视剧页面,在此页面填入节目标题等信息,选择视频源后点击〈添加〉按钮,就可创建一个点播节目。添加点播类型节目页面如图7-15所示。

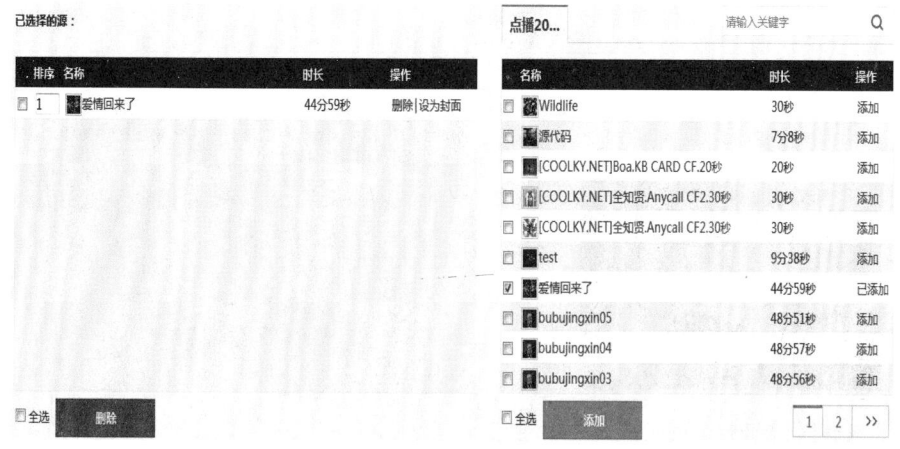

图 7-15 添加点播类型节目页面

②添加直播类型的节目：此处以添加深圳电视剧直播节目为例。进入【内容】→【直播】页面，点击〈新增〉按钮，进入新增直播节目页面，在此页面填入节目标题等信息，选择直播节目后点击〈添加〉按钮，就可创建一个直播节目。添加直播节目页面如图 7-16 所示。

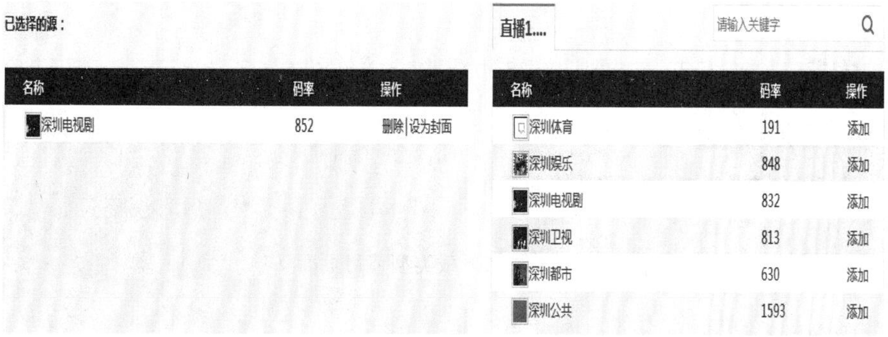

图 7-16 添加直播类型节目页面

③添加图文类型的节目：此处以添加资讯节目为例。进入【内容】→【资讯】页面，点击〈新增〉按钮，进入新增资讯页面，在此页面填入资讯标题和文章内容等信息后点击〈添加〉按钮，就可创建一个资讯节目。添加资讯节目页面如图 7-17 所示。

④添加下载类型的节目：此处以添加下载节目为例。进入【内容】→【下载】页面，点击〈新增〉按钮，进入新增下载页面，在此页面填入下载节目标题、供下载的附件和下载详细描述等信息后点击〈添加〉，就可创建一个下载类型的节目。添加下载节目页面如图 7-18 和图 7-19 所示。

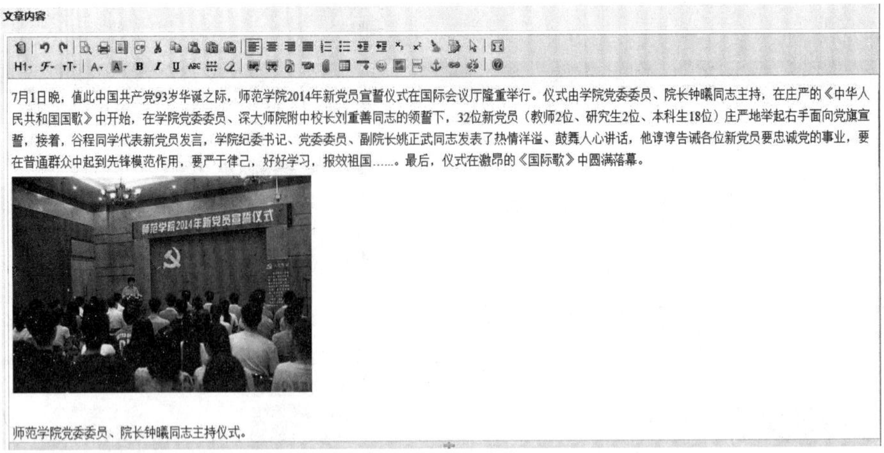

图 7-17　添加资讯类型节目页面

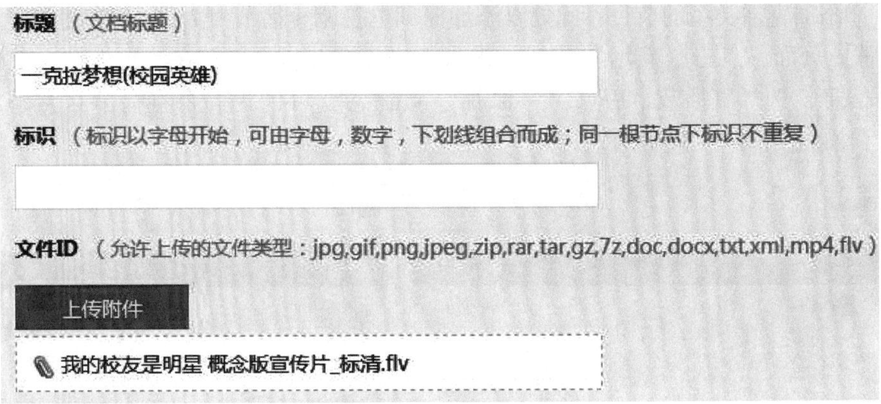

图 7-18　添加下载类型节目页面（1）

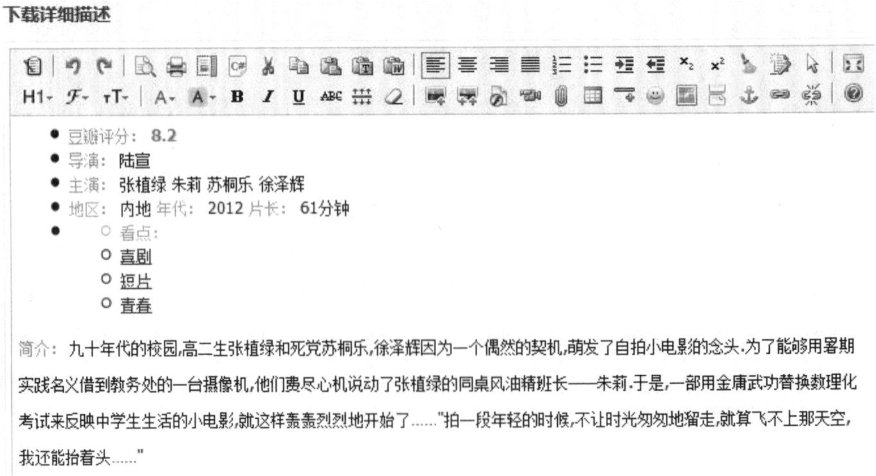

图 7-19　添加下载类型节目页面（2）

所有栏目节目添加完成后，可在【内容】→【个人中心】→【我的文档】页面看到所有的节目，如图 7－20 所示。

我的文档(42)

启用 禁用 删除　　所有 ▾ 请输入标题文档　高级 ▾

编号	标题	子文档	类型	分类	优先级	最后更新	浏览	状态	操作
87	绣春刀	0		电影	0	2014-10-18 10:12	0	正常	编辑 禁用 删除
86	画壁	0		电影	0	2014-10-18 10:11	0	正常	编辑 禁用 删除
85	那些年，我们一起追的女孩	0		爱情片	0	2014-10-18 10:11	0	正常	编辑 禁用 删除
84	功夫熊猫	0		电影	0	2014-10-18 10:10	0	正常	编辑 禁用 删除
83	闺蜜	0		爱情片	0	2014-10-18 10:10	0	正常	编辑 禁用 删除
82	大闹天宫	0		电影	0	2014-10-18 10:07	0	正常	编辑 禁用 删除
81	分手大师	0		爱情片	0	2014-10-18 10:06	0	正常	编辑 禁用 删除
80	离婚律师	0		生活剧	0	2014-10-18 10:02	0	正常	编辑 禁用 删除
9	咱们结婚吧	0		生活剧	0	2014-10-16 17:31	1	正常	编辑 禁用 删除
52	我校定向运动队在全国比赛取得佳绩	0		娱乐资讯	0	2014-10-11 15:38	1	正常	编辑 禁用 删除

1 2 3 4 5 >> 共 42 条记录

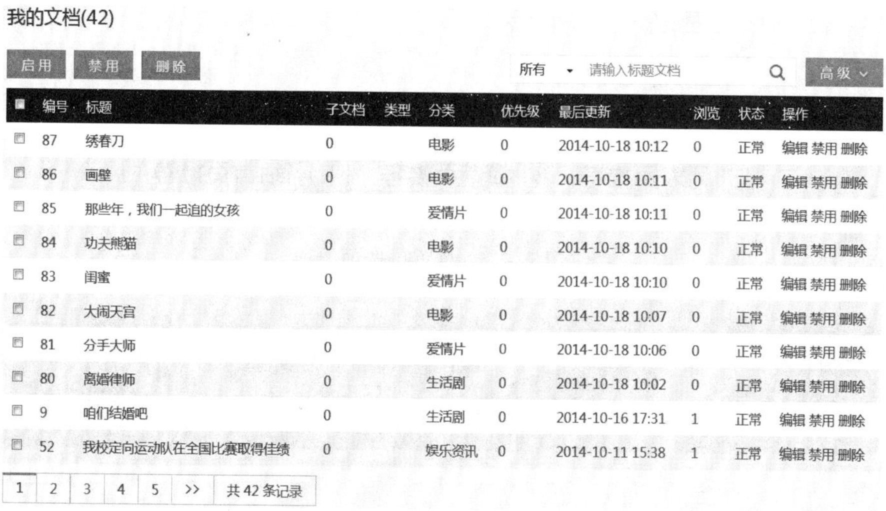

图 7－20　我的文档页面

综上所述，添加节目步骤可表述如图 7－21 所示。

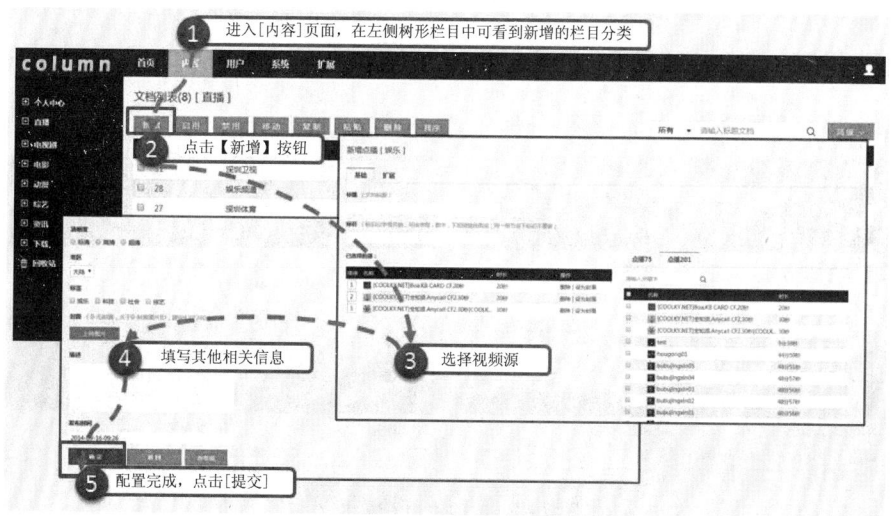

图 7－21　添加节目操作步骤图

（4）推荐节目至网站首页和频道页“精彩推荐”

在直播、点播、图文和下载类型节目的添加或编辑页面，点击【扩展】选项卡，如图 7－22 所示。在推荐位一栏选择“频道页推荐”或“网站首页推荐”即可将对应节目推荐到频道页或网站首页精彩推荐栏目，如图 7－23 和图 7－24

所示。

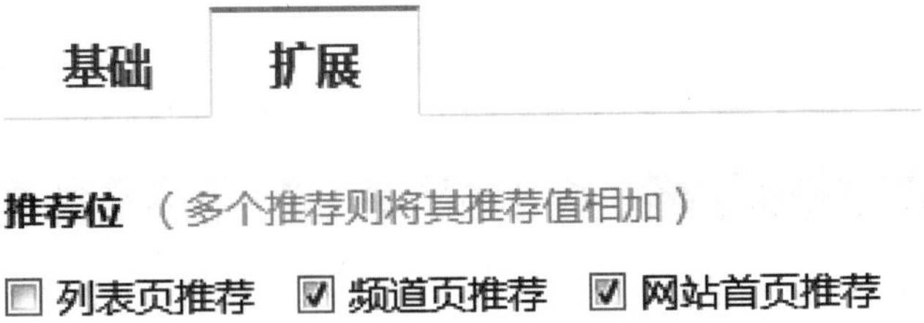

基础　扩展

推荐位（多个推荐则将其推荐值相加）
☐ 列表页推荐　☑ 频道页推荐　☑ 网站首页推荐

图7-22　推荐位选项卡

图7-23　首页精彩推荐

图7-24　频道页精彩推荐

（5）配置导航栏和首页幻灯片

①配置导航栏：进入【系统】→【系统设置】→【导航管理】页面，点击〈新增〉按钮，在新增导航页直接选择对应的分类，设置导航优先级后，即可成功添加导航栏，如图7-25所示。对应选择分类"首页""电视剧""直播""电影""资讯"和"下载"，分别设置其优先级为1、2、3、4、5、6，点击〈确定〉

即可。

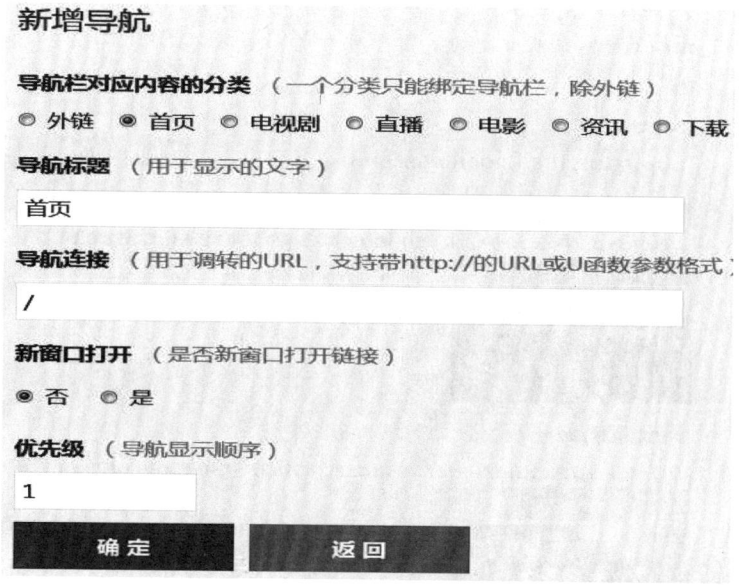

图 7-25 导航管理页面

导航栏配置好后，所有导航会出现在导航管理列表中，如图 7-26 所示。

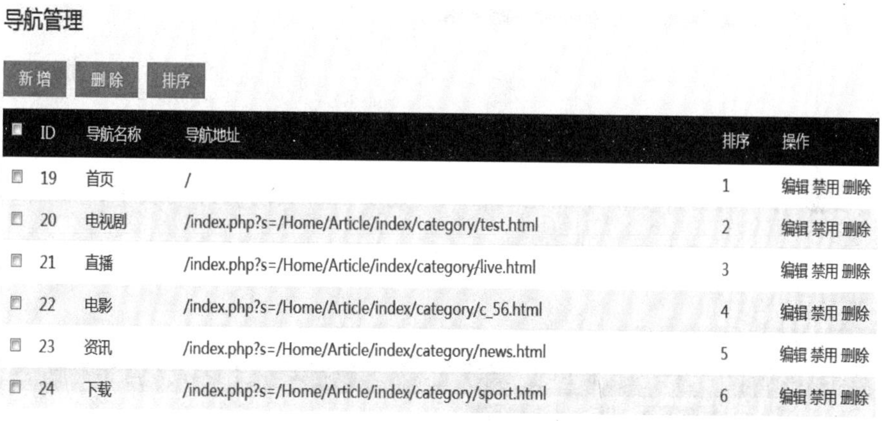

图 7-26 导航管理列表

②配置首页幻灯片：进入【扩展】→【已装插件后台】→【首页幻灯】页面，点击〈新增〉按钮，在新增幻灯片页面填入幻灯名称、链接地址、幻灯简介等信息，上传计算机版和手机版幻灯图片后点击〈确定〉按钮，即可成功添加幻灯片，如图 7-27 所示。

图 7-27 首页幻灯片配置页面

依此步骤,幻灯片全部添加完成后,会显示在首页幻灯片列表中,如图 7-28 所示。

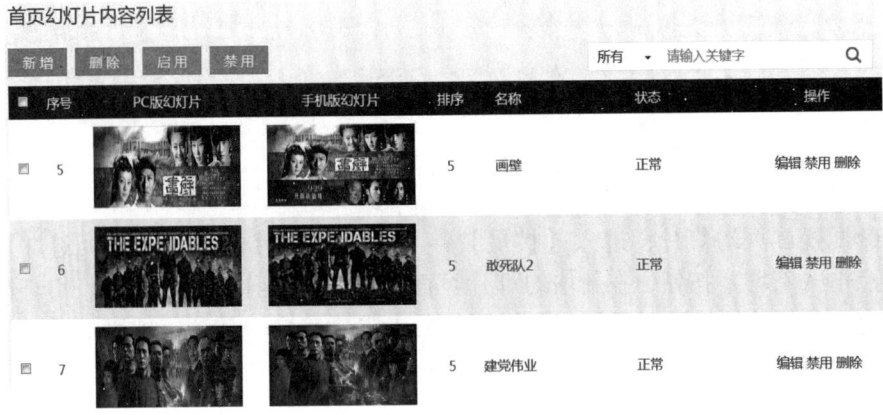

图 7-28 首页幻灯片内容列表

至此，前台页面（影视网站）主要元素已在后台配置完成，这套影视内容管理系统也成功搭建，网站页面显示效果如图 7-29 所示。

图 7-29　影视网站首页

实验教学二：CMS 系统后台管理操作

1. 实验目标

掌握并熟练操作 CMS 后台功能项设置和内容管理。

2. 组织形式

由每个学生单独完成操作，也可以由 2～3 个学生一组进行讨论与交流，同时教师在实验过程中给予辅导与提示。

3. 实验课时

4 课时 + 课余时间。

4. 实验内容

（1）网站设置

进入【系统】→【系统设置】→【网站设置】页面，网站设置又分为：基本配置、内容配置、用户配置、系统配置、邮件配置等。

在基本配置页面可配置网站标题、公司名称、网站描述、网站关键字、网站备案号、统计代码、底部信息、后台色系和是否关闭站点等系统信息。

在内容配置页面可配置直播或点播源列表显示条数（设置页面如图 7-30 所示，显示效果页面如图 7-31 所示）、视频分辨率、地区、标签、是否开启草稿功能、自动保存草稿时间、文档推荐位、文档可见性和后台每页记录数。后台所设置的信息，将直接关系前台网页布局和资讯。

源列表显示条数	（直播或者点播源每页显示条数）
12	

图 7-30 设置源列表每页显示条数

用户配置页，选择〈关闭注册〉，则前台用户不可注册；选择〈允许注册〉，才可注册前台用户。

系统配置页，可配置"是否显示页面 Trace""配置类型列表"等系统信息。如在"是否显示页面 Trace"选择"开启"，对应前台页面底部右下角位置显示。

在邮件配置页，填入各项信息，忘记密码时，可通过这封邮件重置密码。

（2）模型管理

进入【系统】→【系统设置】→【模型管理】页面，模型管理页面设置有新增模型、启用模型、禁用模型、生成模型等功能，如图 7-32 所示。点击〈新增〉按钮，进入新增模型页面，填入模型标识和模型名称，选择一种模型类型、引擎类型，选择是否需要主键，然后点击〈确定〉按钮即可新增一个模型。在模型列表页面点击模型后的〈数据〉，进入相应的模型列表，在此页面可看到所有该模型类的节目。在模型列表页点击模型后的〈启用〉/〈禁用〉，或勾选模型后点击批量

〈启用〉/〈禁用〉按钮，即可启用或禁用模型。在生成模型页点击〈生成〉，即可在模型列表看到刚生成的模型。

图7-31 视频源显示列表

图7-32 模型列表页面

（3）配置管理

进入【系统】→【系统设置】→【配置管理】页面，配置管理页面（全部、基本、内容、用户、系统、邮件）如图7-33所示，主要是对各个配置项进行管理，同时还可对配置进行新增、编辑、删除、排序和搜索操作。

配置管理 [全部 基本 内容 用户 系统 邮件]

新增 删除 排序 请输入配置名称

ID	名称	标题	分组	类型	操作
46	AREA_VALUES	地区	内容	数组	编辑 删除
47	SEARCH_PAGE_LIST_ROW	搜索页面列表显示条数		数字	编辑 删除
48	LIVE_TYPE	直播类型		数组	编辑 删除
49	TAG_VALUES	标签	内容	数组	编辑 删除
50	EMAIL_SMTP_SERVER	SMTP服务器	邮件	字符	编辑 删除
51	EMAIL_SMTP_PORT	SMTP服务器端口号	邮件	数字	编辑 删除
52	EMAIL_SMTP_USER	SMTP服务器用户名	邮件	字符	编辑 删除
53	EMAIL_SMTP_PWD	SMTP服务器密码	邮件	密码类型	编辑 删除
54	EMAIL_SMTP_TEST	邮件发送测试	邮件	字符	编辑 删除

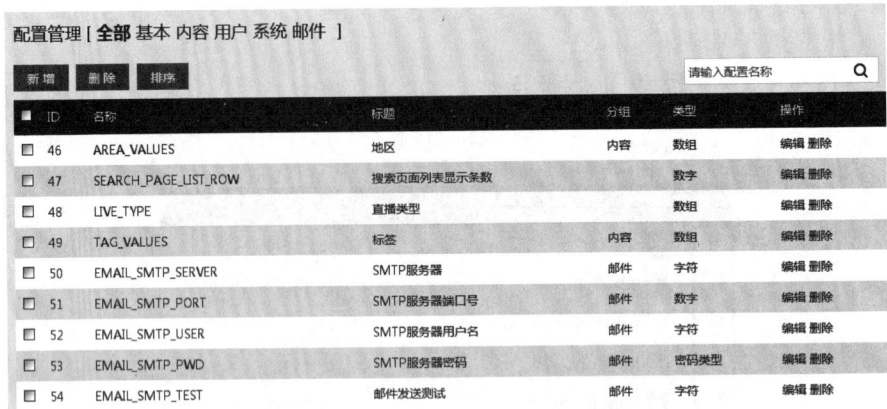

图 7－33　配置管理页面

（4）菜单管理

进入【系统】→【系统设置】→【菜单管理】页面，在菜单管理页面可对后台顶部菜单进行管理，如图 7－34 所示，同时可进行新增、编辑、删除、导入、排序和搜索操作。

菜单管理

新增 删除 导入 排序 请输入菜单名称

ID	名称	上级菜单	分组	URL	排序	仅开发者模式显示	隐藏	操作
1	首页	无		Index/index	1	否	否	编辑 删除
2	内容	无		Article/mydocument	2	否	否	编辑 删除
16	用户	无		User/index	3	否	否	编辑 删除

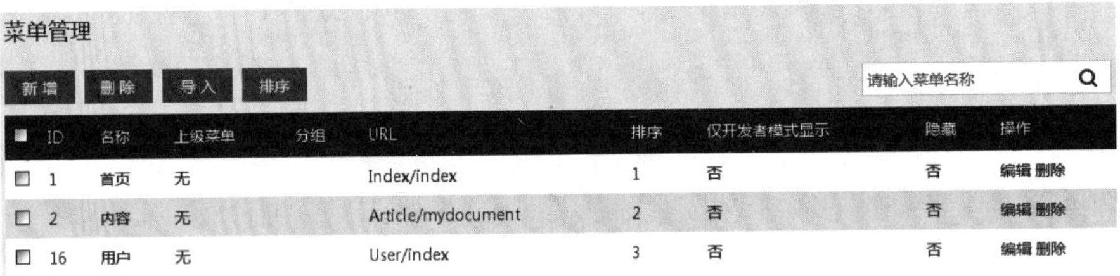

图 7－34　菜单管理页面

点击〈新增〉按钮，填入新菜单的各项信息后点击〈确定〉，即可成功添加一个菜单，添加成功的菜单可在页面顶部菜单处见到，如图 7－35 所示。

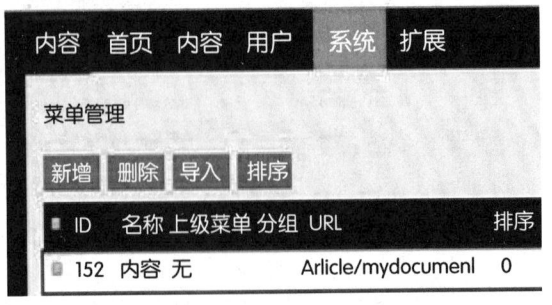

图 7－35　新增菜单

点击〈导入〉按钮，进入导入菜单页，如图 7－36 所示，在“导入的内容”一栏按格式填入要导入的菜单及 url 后，点击〈确定〉按钮，即可导入该菜单。粗线框选处便是刚导入的菜单。

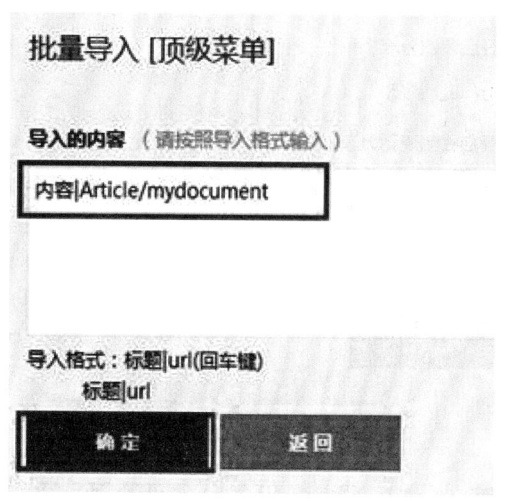

图 7－36　批量导入菜单

（5）扩展插件管理

点击【扩展】→【插件管理】，进入插件管理列表，如图 7－37 所示，在此页面可快速创建、安装、设置、启用、禁用及卸载插件。

插件列表

快速创建

名称	标识	描述	状态	作者	版本	操作
百度分享	baidushare	用户将网站内容分享到第三方网站，第三方网站的用户点击专有的分享链接，从第三方网站带来社会化流量。	启用	xiong	0.1	设置 禁用 卸载
建议意见	Suggestions	用户建议意见	启用	foxcon	0.1	设置 禁用 卸载
返回顶部	ReturnTop	回到顶部美化，随机或指定显示，100款样式，每天一种换，天天都用新样式	启用	thinkphp	0.1	设置 禁用 卸载
首页幻灯	Silde	首页幻灯片插件	启用	xiong	0.1	设置 禁用 卸载
用户评论	Comment	用户评论插件	启用	xiong	0.1	设置 禁用 卸载
手机端响应式图片处理	AdaptiveImages	通过检测手机的宽度，在小设备访问图片时返回合适尺寸的小图片，到小尺寸设备达到图片响应式。	禁用	thinkphp	0.1	设置 启用 卸载

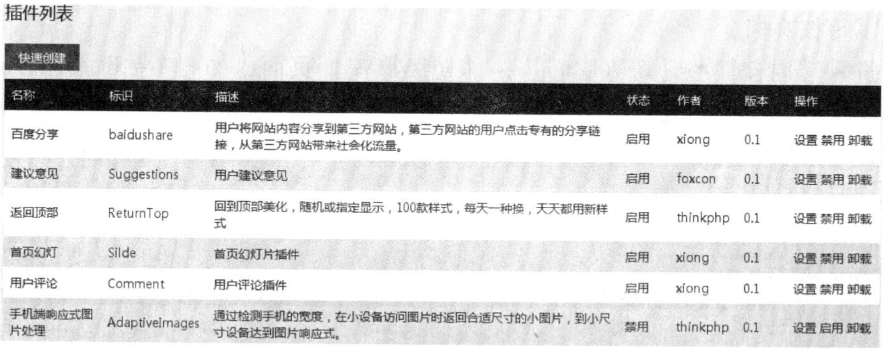

图 7－37　插件列表

插件安装后，即可在已装插件后台看到。点击插件后的〈设置〉，即可对相应插件进行设置。图 7－38 为插件配置［百度分享］设置页。

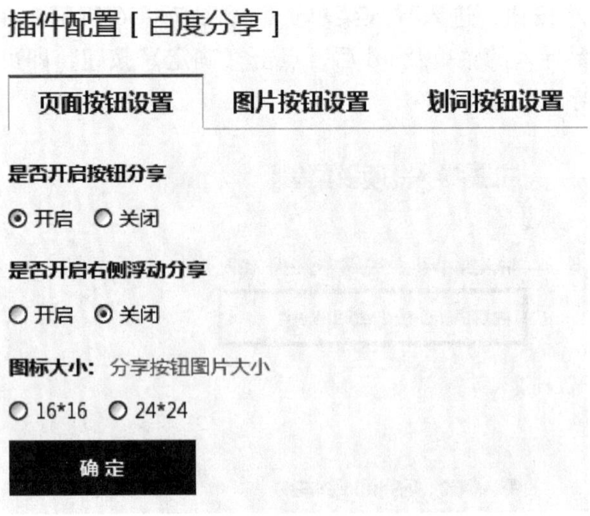

图7-38 插件配置［百度分享］页面

使用插件技术能够在分析、设计、开发、项目计划、协作生产和产品扩展等很多方面带来好处，例如百度分享，此插件的安装，可与广大网友分享关于该词条的信息。

（6）节目审核管理

审核主要分"初级审核""终级审核"，需要拥有审核权限的用户才会显示内容菜单待审核页。

①审核文档。

进入【内容】→【个人中心】→【初级审核】页面，如图7-39所示，点击待审核文档后的〈初级审核〉，或勾选待审核文档后，点击批量〈初级审核〉按钮，即可启用并发布该文档，该文档可在前台页看到（需拥有审核权限才可审核文档）。

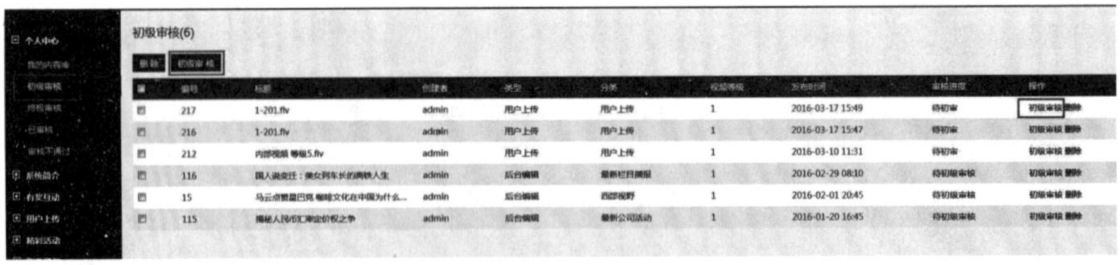

图7-39 初级审核页面

②删除待审核文档。

进入【内容】→【个人中心】→【初级审核】页面，如图7-40所示，点击待审核文档后的〈删除〉，或勾选待审核文档后，点击批量〈删除〉按钮，即可删除相应的待审核文档（需拥有删除权限才可删除文档）。

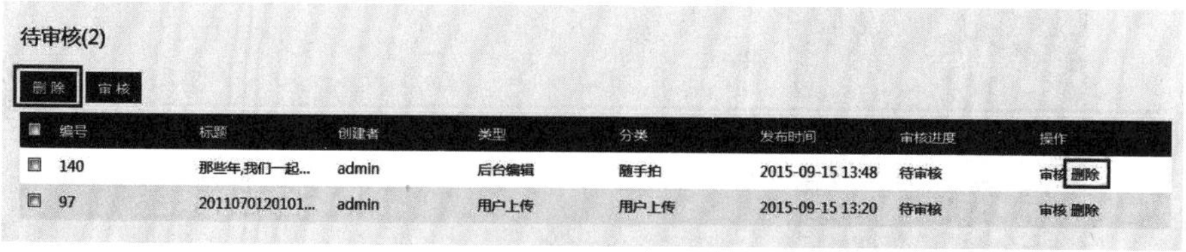

图 7-40　删除待审核页面

在【内容】→【个人中心】→【已审核】页面，如图 7-41 所示，可查看到已经通过审核的文档，可查看到文档的名称、审核人等信息。

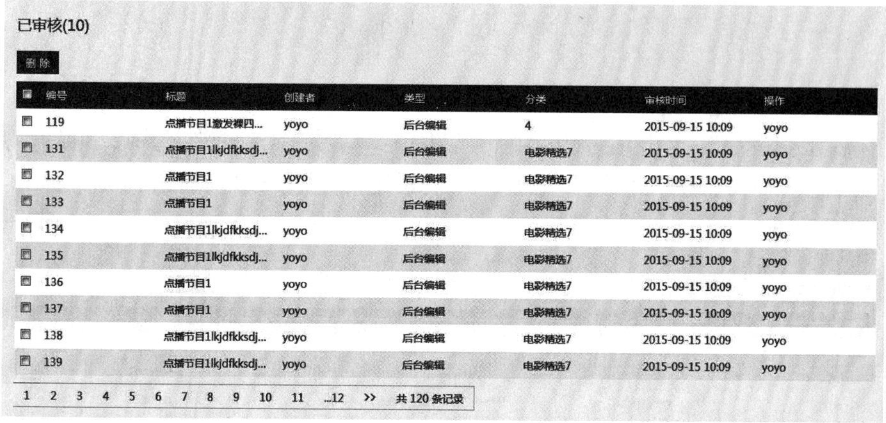

图 7-41　已审核文件列表

（7）用户权限管理

点击【用户】→【用户管理】→【权限管理】，在权限管理页面，可新增、启用、禁用和删除用户组，同时还可设置用户组的访问授权、分类授权和成员授权。

①新增用户组。

在权限管理页点击〈新增〉按钮，进入新增用户组页面。在新增用户组页面填入用户组名及用户组描述，点击〈确定〉，即可添加一个新的用户组，如图 7-42 所示。

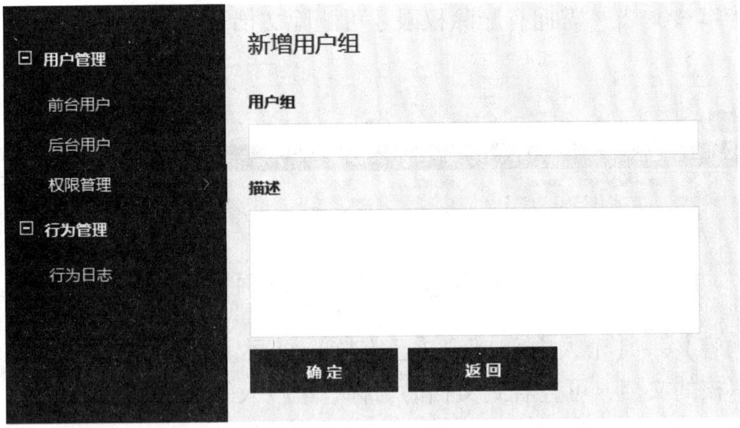

图 7-42 新增用户组

②启用/禁用用户组。

在权限管理页，点击用户组后的〈启用〉/〈禁用〉，或勾选用户组后，点击批量〈启用〉/〈禁用〉按钮，即可启用或禁用对应用户组，如图 7-43 所示。

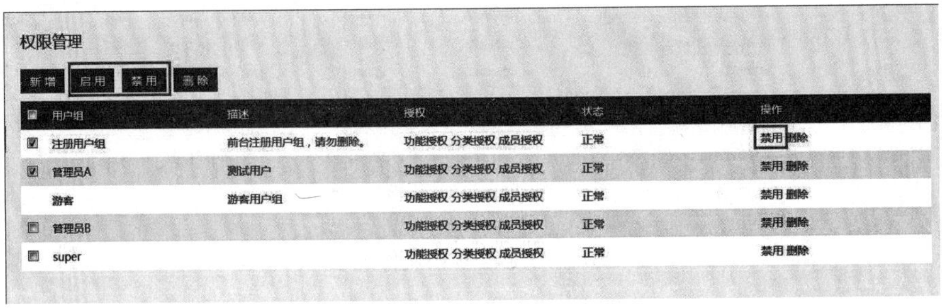

图 7-43 启用/禁用用户组

③删除用户组。

在权限管理页，点击用户组后的〈删除〉，或勾选用户组后，点击批量〈删除〉按钮，在弹出的确认删除对话框中选择〈确定〉，即可删除对应用户组，如图 7-44 所示。

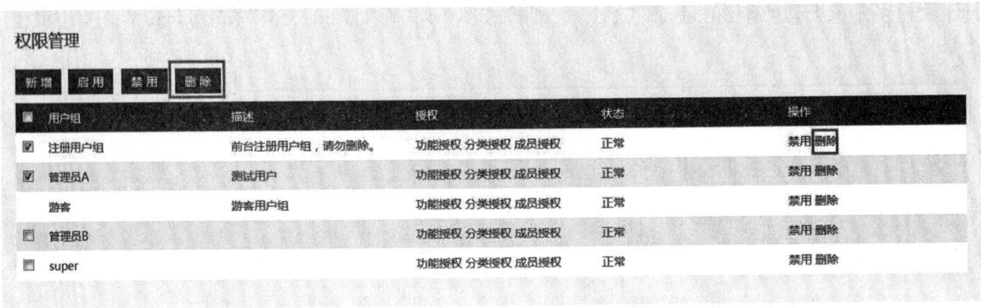

图 7-44 删除用户组

④用户组功能授权。

在权限管理页，点击用户组后的〈功能授权〉，如图 7-45 所示，进入功能授权设置页面。

图 7-45　用户组的功能授权

在功能授权设置页面，如图 7-46 所示，勾选各菜单及菜单下的各项权限，当该用户组下的用户登录后台系统后，便只能看到刚赋予的各项权限，未勾选的权限将不会显示。

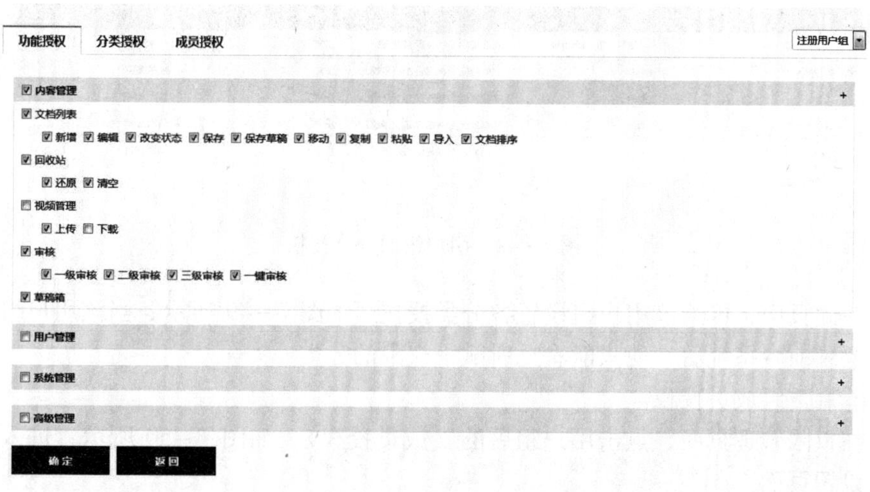

图 7-46　用户组的功能授权配置

例如，只赋予新闻组"首页管理""内容管理"的权限，"用户管理""系统管理""其他管理"及"扩展管理"的权限均不给出。该用户组下的用户登录系统后，会看到只显示了赋予权限的两个菜单，其他未赋予权限的菜单均不显示，如图 7-47 所示。

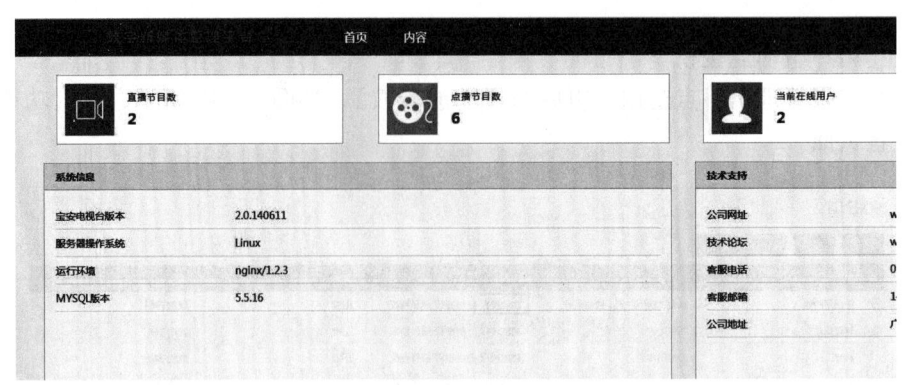

图 7-47 用户组的功能授权范例

⑤用户组分类授权。

在权限管理页面，点击用户组后的〈分类授权〉，如图 7-48 所示，进入分类授权设置页面。

图 7-48 用户组的分类授权

在此页面，可给该用户组设置各分类授权，如图 7-49 所示。当该用户组内的用户登录前台系统后，便只能看见所赋予权限的分类。

⑥用户组成员授权。

在权限管理页面，点击用户组后的〈成员授权〉，如图 7-50 所示，进入成员授权设置页面。

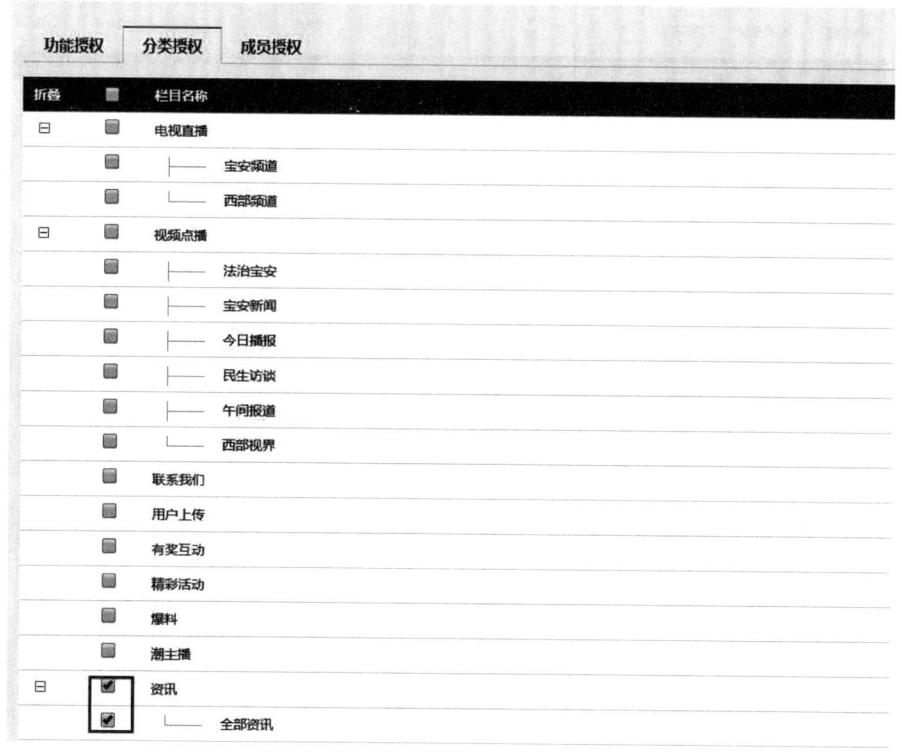

图 7-49 用户组的分类授权设置

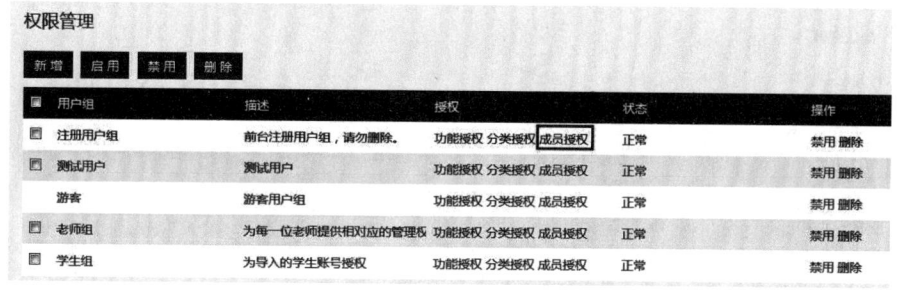

图 7-50 用户组的成员授权

在此页面，可对用户进行"解除授权"操作，用户被移出相关的用户组，如图 7-51 所示。

图 7-51　用户组的成员解除授权

如果要恢复解除授权后的用户，可以在后台用户中，点击用户后的〈编辑〉，进入编辑页面，勾选用户组，点击〈确定〉按钮即可，如图 7-52 所示。

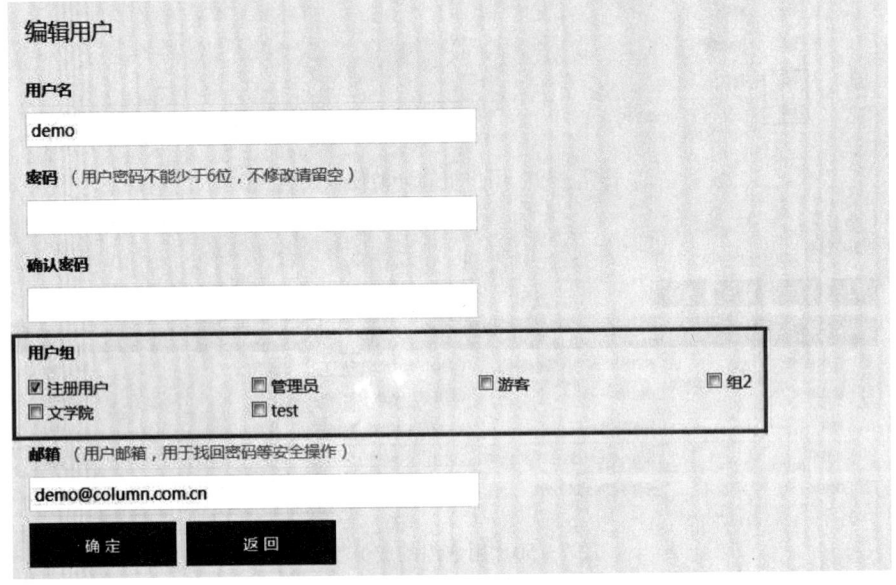

图 7-52　用户组的成员授权恢复

【作业】

1. 将直播服务器、点播服务器与全媒体内容管理系统建立关联。
2. 添加 4 个直播频道，并对它们进行分类管理。
3. 添加 10 个视频，包含电影、电视剧和新闻等，并对它们进行分类管理。
4. 熟悉 CMS 后台系统设置和管理。

思考题

1. 概述内容管理系统管理了哪些内容？
2. 为什么内容管理系统可以和多个直播服务器、点播服务器进行对接？适合于哪些应用场景？
3. 为什么要将内容管理系统和直播、点播系统分开部署？
4. 内容管理系统的前台用户和后台用户的区别是什么？
5. 你还希望内容管理系统有哪些功能？

参考文献

[1] 姚君喜,刘春娟."全媒体"概念辨析[J]. 新闻与传播研究,2010(6):13.

[2] 罗鑫. 什么是"全媒体"[J]. 中国记者,2010(3):82-83.

[3] 彭兰. 媒介融合方向下的四个关键变革[J]. 青年记者,2009(6).

[4] 李敬坡,周洋. 打造全媒体时代的核心竞争力[J]. 军事记者,2009(11).

[5] 蔡雯,周欣枫. 美国新闻教育改革的经典个案(上)——对美国哥伦比亚大学新闻学院的调研报告[J]. 国际新闻界,2005(5).

[6] 胡正荣. 新媒体前沿(2011)[M]. 北京:社会科学文献出版社,2011:160-161.

[7] 蔡雯. 新闻传播人才培养模式观察与思考[J]. 国际新闻界,2003(1).

[8] 胡兵. 大数据时代新闻传播人才培养模式探讨[J]. 现代教育技术,2014(11):76-80.

[9] 肖燕雄. 新闻传播学科通才与专才培养的教学实践探索[J]. 湖南大众传媒职业技术学院学报,2009(5).

[10] 杨凯. 关于新时期"应用型新闻人才"的思考[J]. 西华师范大学学报(哲学社会科学版),2006(5).

[11] 胡兵,郑重. 移动式网络直播实训平台的构建与实践[J]. 现代教育技术,2013(10):68-71.

[12] 齐俊杰,胡洁,麻信洛. 流媒体技术入门与提高[M]. 北京:国防工业出版社,2009:1-2.

[13] 何平. 流媒体技术在校园网中的应用[J]. 天津职业技术师范学院学报,2010(4):38.

[14] 深圳市矽伟智科技有限公司. SEWISE全媒体实训平台使用手册[EB]. 2015.

[15] 百度百科[EB-OL]. http://baike.baidu.com.